MÄNGEL

Vergessen
Sie alles, was Sie über
Investment
gehört haben!

Wie Sie auch nach dem jetzigen Haussemarkt noch Gewinn machen können.

Vergessen
Sie alles, was Sie über
Investment
gehört haben!

William H. Gross

„Der Peter Lynch des Anleihemarkts." – NEWSWEEK

Die Originalausgabe erschien unter dem Titel
EVERYTHING YOU'VE HEARD ABOUT INVESTING IS WRONG!
im Verlag Random House Inc., New York

© Copyright der Originalausgabe: 1997, William H. Gross
© Copyright der deutschen Ausgabe 2001:
BÖRSENMEDIEN AG, KULMBACH

Druck: Wiener Verlag Ges.m.b.H
CIP-Titelaufnahme der Deutschen Bibliothek

(Original-ISBN 0-8129-2839-3)
ISBN 3-922669-42-5

Alle Rechte der Verbreitung, auch die des auszugsweisen Nachdrucks, der fotomechanischen Wiedergabe und der Verwertung durch Datenbanken oder ähnliche Einrichtungen vorbehalten.

Postfach 1449 • 95305 Kulmbach
Tel. 09221/90510 • 09221/67953

Meiner Frau Sue, die seit meinen Anfängen bei mir ist und mir die glücklichsten 13 Jahre meines Lebens beschert hat. Wenn es einen Himmel gibt, habe ich durch dich einen Blick hinein werfen dürfen. Dir gehören meine unwandelbare Liebe und mein bleibender Respekt.

Meinen drei wunderbaren Kindern Jeff, Jenn und Nick, von denen mittlerweile zwei erwachsen sind und das dritte glaubt, es zu sein. Sucht ruhig weiter nach dem goldenen Ei, aber lasst auch die Schokoladeneier nicht liegen. Zusammengenommen sind sie die Grundlage eines erfüllten Lebens. Ich hege für euch alle große Hoffnungen und ewige Liebe.

Meiner Mutter Shirley Karpen. Ich habe gelernt, dass Kinder eine Menge Arbeit machen, und ich war sicher anstrengend. Danke für deine Hingabe und Liebe in all den Jahren. Dasselbe empfinde ich für dich.

Danksagungen

Wer ein Buch schreibt, braucht dazu vieles – vor allem aber eine Leserschaft –, und in dieser Hinsicht habe ich in den vielen Jahren bei PIMCO übergroßes Glück gehabt. Ich weiß gar nicht, wie viele treue Leser meines Investment Outlook zu mir gesagt haben: „Ich finde, Sie sollten ein Buch schreiben." Allen Kunden und Kollegen, die mir in den letzten zehn oder mehr Jahren zugeraten haben, gilt mein Dank.

Außerdem braucht man einen enthusiastischen Assistenten, der bereit ist, in vielen Stunden am Computer Abbildungen zu überprüfen und die Grammatik zu verbessern, und andererseits in ständiger Verbindung mit beharrlichen Herausgebern und der Außenwelt steht. Danelle Reimer hat all das und mehr für mich getan und ihre Spuren in diesem Buch hinterlassen – zusammen mit zahllosen anderen, die ich hier nicht aufzählen kann.

Inhalt

Danksagungen 7

Einleitung 11

TEIL I: GOOD-BYE SUPERBULLE 13

1. Zurück zum Butler Creek:
   Investment in der kommenden Ära der 6 Prozent 15

2. Kurs halten!
   Der kluge Anleger denkt langfristig 25

TEIL II: DIE WIRTSCHAFTLICHEN RAHMENDATEN 31

3. Augen auf!
   Im Auf und Ab der Konjunkturzyklen 33

4. Frohe Ostern!
   Die Freischärler des Marktes und die Jagd nach Anlagegewinnen 41

5. Die Plankton-Theorie:
   Babyboom, Pillenknick und die Zukunft des Wachstums 53

6. Einstein'sche Ökonomie:
   Der säkulare Trend zu niedrigeren Löhnen 61

TEIL III: KAPITALANLAGE IN EINER 6-PROZENT-WELT 73

7. Der Papst und ich:
   Stellen Sie Ihren Investmentwecker 75

8. Wie Sie Ihre Haut retten:
   Diversifizierung und Gebührenmanagement 83

9. Wie man „Noise" verkauft:
   Volatilität interpretieren und richtig mit ihr umgehen 93

10. Erinnerungen an Afrika:
    Derivate und die Natur von Risiken 103

TEIL IV: WAS MAN IN EINER 6-PROZENT-WELT KAUFEN SOLLTE 111

11. Lange Spaziergänge im Himmel:
    Grundlegende Investmentstrategien für die Ära der 6 Prozent 113

12. Männer ohne Manieren:
    Wie Sie in der Ära der 6 Prozent die Zinsertragskurve für sich nutzen .. 123

13. Die gute alte Religion:
    Schlafen Sie ruhig dank Inflationsindex-Anleihen 129

14. Star sein für eine Viertelstunde:
    Hypothekentitel mit hohen Zinserträgen 137

15. Der König von Salamasond:
    Investieren in Schwellenmärkte 143

16. Mickey im Wunderland:
    Warum Butler Creek für Anleihen spricht 153

17. Herr Nietzsche, das ist Mr. Darwin:
    Welche Anlagemöglichkeiten Ihnen offen stehen 159

Einleitung

Wir erleben nun schon seit längerer Zeit extrem dynamische Finanzmärkte. Ein bullischer Aktienmarkt seit Mitte der 70er-Jahre in Verbindung mit der Erfolgsgeschichte des Anleihemarktes seit 1981 und der Zeit Paul Volckers hat die Amerikaner zu der Überzeugung gebracht, dass man am leichtesten reich wird, indem man „in den Markt" investiert. Solche Phasen hat es selbstverständlich schon vorher gegeben: Die Südsee-Spekulationsblase, die Goldenen Zwanziger und der Immobilienboom zwischen 1975 und 1985 waren Phasen, in denen Anleger und Spekulanten glaubten, sie könnten nicht verlieren – sie müssten sich nur an die Theke lehnen, 2 Dollar hinlegen und bekämen dafür ein Bier und 4 Dollar Wechselgeld, bevor sie auch nur „Intel" sagen könnten.

Ich habe mir vorgenommen, Ihnen zu erklären, dass es nicht so einfach ist. Unsere „Ära des Geldes" ist fast einzigartig. Erstens haben der seit 25 Jahren andauernde bullische Aktienmarkt und der 15 Jahre anhaltende Aufwärtstrend in Anleihen mittlerweile länger gedauert als beinahe jede vergleichbare Phase in der Weltgeschichte. Natürlich haben wir 1987 den Crash des Aktienmarktes und 1994 das Debakel bei den Anleihen erlebt – aber beide waren eher kurze Korrekturen; sie hielten nicht lange an und stagnierten nicht. Zweitens werden die Bedingungen, die zu diesen anhaltenden Bullenmärkten führten, in der Zukunft schwer zu reproduzieren sein: ein steiler Anstieg der Unternehmensgewinne in Kombination mit einem beinahe beispiellosen Absinken der Inflation und der Zinssätze. Seit Mitte der 70er-Jahre sind die Gewinne nach Steuern jährlich um 10 Prozent gestiegen. Und seit 1981 ist die Inflationsrate von zweistelligen Prozentzahlen auf nur noch 2 bis 3 Prozent pro Jahr gefallen, während die Zinserträge langfristiger US-Schatzpapiere von 15¼ Prozent im Jahr 1981 auf 6 Prozent im Jahr 1993 abgesackt sind. Derartige Entwicklungen werden sich zu unseren Lebzeiten nicht noch einmal vollziehen.

Viele Anleger werden enttäuscht werden, wenn sie auf eine Wiederholung dessen hoffen, was in den letzten beiden Jahrzehnten passiert ist. Die Ära des Geldes nähert sich ihrem Ende. Sie wird jedoch nicht dramatisch enden. In diesem Buch geht es nicht um die kommende Weltwirtschaftskrise des Jahres 1998 oder den Börsencrash im Jahre 1999. Dieses Buch soll Ihnen keine Angst machen oder Sie dazu veranlassen, eilig Ihre Aktien und Anleihen zu verkaufen und sie durch Banknoten, Diamanten und Gold zu ersetzen; stattdessen wird es die kommende neue Ära beschreiben, eine Ära, die sich heute schon abzeichnet, und in der Sie auf Ihr Geld wahrscheinlich eine jährliche Gesamtrendite von 6 Prozent bekommen werden anstatt der 15 bis 20 Prozent, die wir von unseren rasch reifenden Bullenmärkten gewöhnt sind.

Die Ära der 6 Prozent

Der Humorist Will Rogers sagte einmal: „Ich mache mir weniger Gedanken darüber, was mein Geld mir bringt, als darüber, ob ich es jemals wiedersehe." Diese Bemerkung machte er während der Weltwirtschaftskrise, der längsten und verheerendsten Phase wirtschaftlicher Stagnation in der Geschichte der USA. Ganz so schlimm wird die Zukunft nicht aussehen. Ihre Anlagen werden – gemessen an der Inflationsrate – immer noch eine ansehnliche Rendite erbringen – nur wird sie eben nicht so gut wie gewohnt sein. Die nächste Ära wird die Ära der 6 Prozent sein. Trotzdem wird es nicht einfach sein, eine solche Rendite zu erzielen und seinen Gewinn mitzunehmen, wozu Will Rogers wahrscheinlich geraten hätte. Wenn Sie Aktien kaufen, die gerade steil nach oben gehen und denen ein baldiger Absturz bevorsteht, wenn Sie zu konservativ sind und Einlagenzertifikate mit 4 Prozent Zinsen erwerben oder wenn Sie überzogene Gebühren für professionelle Vermögensverwaltung bezahlen, werden Sie im nächsten Jahrzehnt garantiert aus dem harten Wettstreit um Anlagegewinne ausscheiden. Um sich durchzusetzen, müssen Sie in den kommenden Jahren sowohl die globale Wirtschaft verstehen und wissen, was zu einer Absenkung der Inflationsrate führen könnte – abgesehen von der galoppierenden Inflation, vor der Sie wahrscheinlich immer noch Angst haben –, als auch welche Situationen günstiger für Aktien sind und welche für Anleihen. Der alte Satz „Aktien schneiden immer besser ab als Anleihen" ist purer Unsinn und Sie sollten wissen, warum Anleihen in den kommenden Jahren relativ gute Anlagemöglichkeiten abgeben werden. Darüber hinaus werden Sie es verstehen müssen, die richtigen Anleihen auszuwählen und ihren Ertrag zu sichern, ohne die Sicherheit zu opfern. Und schließlich sollte Ihnen selbstverständlich bewusst sein, dass *Sie* bei der Jagd nach der 6-prozentigen Rendite eine wichtige Rolle spielen. Auch Ihre psychische Verfassung, Ihre Geduld oder Ungeduld, Ihr Bedürfnis in vorderster Front mitzumischen, oder Ihre Bereitschaft ruhig zuzusehen, wie Ihr Geld für Sie arbeitet, fließen in Ihren Ansatz ein, der sich in mäßigen oder ausgezeichneten Renditen niederschlagen wird.

Ich hoffe, dass dieses Buch Ihnen hilft, erfolgreich zu sein. Es spiegelt die Erfahrungen wider, die ich in den letzten 25 Jahren sammeln konnte, in denen ich für die Kunden der Pacific Investment Management Company investiert habe. Es nimmt außerdem vorweg, was uns in absehbarer Zeit – das heißt in den nächsten drei bis fünf Jahren bis hin zum Anfang des 21. Jahrhunderts – erwartet. Jedes Kapitel beginnt mit einem persönlichen Kommentar zu diesem oder jenem – zum Sinn des Lebens, dazu, wie es sich anfühlt, bei „lebendigem Leib skalpiert zu werden" und zu vielen anderen Themen. Ich bin immer der Meinung gewesen, dass Investmentbücher Spaß machen sollten; daher sollen meine Geschichten unterhaltsam und lehrreich zugleich sein. Ich hoffe, dass Ihnen mein Buch gefällt, und dass Sie nebenbei auch etwas lernen. Dieses Buch soll eine angenehme – und einträgliche – Art sein, sich auf die Ära der 6 Prozent einzustimmen.

Teil I:
Good-bye Superbulle

1. Zurück zum Butler Creek

Investment in der kommenden Ära der 6 Prozent

Ich habe nie in der Nähe eines Flusses gelebt. Als ich in meiner Kindheit auf dem Land unweit von Middletown in Ohio lebte, war das höchste der Gefühle ein Bach namens Butler Creek. Der Bach war ruhig und gemütlich; die einzigen Überraschungen, die er bereithielt, waren Krebse, Salamander und alle möglichen faszinierenden Dinge, wie sie kleine Jungen lieben. An seinen Ufern fühlte man sich sicher – keine Überschwemmungen, keine Deiche, keine Sandsäcke, keine tragischen Schicksale und keine Präsidenten auf Kondolenzbesuch. Der Butler Creek war anders als der Mississippi 1993. Im Sommer ging ich immer gern dorthin. In einem tiefen Strudel unter den bloß liegenden Wurzeln einer Eiche, die wohl die größte und älteste im Bezirk sein musste, konnte man Fische fangen. Außerdem fallen mir die Spielzeugpistolen ein, mit denen ich auf meinen Bruder schoss, Spiele, in denen viele böse Räuber im Dickicht lauerten, jede Menge Schildkröten, die es aufzuspüren galt, eine verlassene Hütte, aus der schnell eine Festung wurde und die Kastanien, die ich sammelte. Ich habe nie in der Nähe eines Flusses gelebt.

Heute lebe ich am Meer. Meine Freunde witzeln gern, dass mein Haus bei einem Orkan der ersten Flutwelle zum Opfer fallen wird wie St. Louis dem Mississippi, aber ich weiß es besser. Mein Haus ist fünfzig Schritte vom Pazifik entfernt und ebenso unverwundbar wie die Eigenheime aller meiner Nachbarn, die in Irvine Cove ein abgeschiedenes Leben führen. Meine Kinder surfen, bauen Sandburgen und suchen Krebse – kurz, sie machen alles, was Kinder begeistert. Es gibt Bäume zum Klettern und Parks, in denen man spielen kann; mein Jüngster, Nick, hat ein Fahrrad, und Jeff und Jennifer, die schon über zwanzig sind, fahren schöne Autos. Sie haben nie in der Nähe eines reißenden Flusses gelebt.

Ob sich das je ändern wird? Ich weiß es nicht. Als Vater mit 52-jähriger Lebenserfahrung denke ich manchmal, es wäre ideal, wenn sie die eine oder andere leichte Überschwemmung erleben würden, bevor sie 35 oder 40 sind, damit sie in ihrer zweiten Lebenshälfte einen gemächlichen Bach zu schätzen wissen. Das ist allerdings schwer zu bewerkstelligen. Man wirft seine Kinder ja nicht absichtlich in tosende Fluten. Sie mit 21 vor die Tür zu setzen ist eine Sache – aber wenn sie Sorgen haben und man helfen kann, ist es furchtbar schwer, nein zu sagen, auch wenn man weiß, dass ein „Nein" langfristig gesehen die bessere Antwort wäre. Doch selbst wenn man sich Mühe gibt, lässt sich das Leben nicht so planen, dass alles glatt läuft. Es ist voll von Rückschlägen und Kummer, selbst für Kinder, die in Irvine Cove leben. Wie viele Sandsäcke man auch hat – manchmal kann man den Deich gar nicht hoch genug bauen.

Surfen auf dem Mississippi

In den letzten rund 15 Jahren, in denen man nur „in den Markt investieren" musste, um gut dazustehen, haben Vermögensverwalter in einer eigenen privilegierten Welt gelebt. Zum Superstar konnte auch ein Anleger werden, der einfach voll investiert war und dann die Koffer packte und an der französischen Riviera längere Zeit Urlaub machte. Gewöhnlich ist das Leben (wie auch die Vermögensverwaltung) aber nicht so einfach. Wenn es zu einer Überschwemmung kommt oder die Gezeiten wechseln, sollte man gewappnet sein. Es ist wichtig, ein Anleger für *alle* Lagen zu sein.

Das sind nicht viele unter uns. Professionelle Anleger müssen manchmal – genau wie Kinder – erst ein paar Rückschläge erleben, um sich auf ihr Ziel zu besinnen und um sich und der Öffentlichkeit zu beweisen, dass für ihren Erfolg nicht nur ein Bullenmarkt verantwortlich ist. Diese Rückschläge nehmen meist die Form eines Bärenmarktes an, der zeigt, wie anpassungsfähig Anleger wirklich sind. Wenn sich das Portefeuille eines Verwalters dann nicht verändert, wenn seine Philosophie darin besteht, einfach 100-prozentig investiert zu bleiben, bis ihm der Markt irgendwann in der Zukunft aus der Patsche hilft, dann war sein Fachwissen sicher von vornherein begrenzt. Ein Indexfonds, der einfach den Markt abbildet und mit sehr viel niedrigeren Verwaltungsgebühren verbunden ist, wäre für seine Kunden langfristig einträglicher. Nein, ein Investor für alle Lagen muss veränderte Voraussetzungen erkennen können – nicht unbedingt, um seine Philosophie zu ändern, aber um diese den neuen Gegebenheiten anzupassen. Wenn Sie bei der Wahl von Aktien eher auf Unternehmen als auf Branchen achten, gut. Aber Sie müssen Ihre Aktienpositionen auf eine Art und Weise gestalten, die mit Ihrer Sicht der Wirtschaftslage auf Jahre hinaus vereinbar ist. Wenn Sie mit Industrieanleihen arbeiten, auch gut. Aber Sie müssen wissen, wann Industrieanleihen Erfolg haben und wann nicht und Ihre Bestände dementsprechend modifizieren.

Womit wir wieder beim Butler Creek wären. In den ersten Absätzen dieses Kapitels habe ich den Bach, in dessen Nähe ich auf dem Land aufwuchs, mit dem Mississippi im Jahr 1993 verglichen, der einen großen Teil des mittleren Westens verheerte. Der eine Teil war ruhig und friedlich, der andere ein reißender Strom. In gewisser Weise stehen die beiden für zwei grundsätzlich verschiedene Anlagemärkte.

Seit nunmehr 15 Jahren sind wir Zeugen der Turbulenzen eines der stärksten, dynamischsten Bullenmärkte, die Aktienanleger je erlebt haben. Der Dow-Jones-Industrials-Index, der 1981 bei 800 stand, hat seinen Wert seitdem mehr als verachtfacht und andere bedeutende Indizes haben ebenso gut oder noch besser abgeschnitten. Natürlich lagen auf dem Weg auch einige Wasserfälle – den größten lernten wir im Oktober 1987 kennen –, die allermeiste Zeit aber sind die Aktien nur gestiegen und gestiegen.

Seit September 1981 sind die Anleihen einem ähnlichen Muster gefolgt. Anleiheanleger werden den Bärenmarkt des Jahres 1994 wohl nicht so bald vergessen, aber im Grunde war er nur eine vorübergehende Reaktion auf einen grundlegenden langfristigen Trend: Die Zinsen auf langfristige Schatzpapiere hatten 1981 ihren Höhepunkt bei 15¼ Prozent erreicht und waren bis Ende 1993 auf 5¾ Prozent gesunken. Dieser langfristige Trend ließ die Kurse langfristiger Anleihen um 80 Prozent steigen wohingegen der Bärenmarkt 1994 nur 25 Prozent dieses Zugewinns zunichte machte. Trotz dieses Rückschlags waren die Gesamtrenditen langfristiger Schatzpapiere in diesem Zeitraum denen des Aktienmarktes beinahe ebenbürtig.

Wenn man einen Markt mit einem Fluss vergleichen kann, dann waren die letzten beiden Jahrzehnte sowohl für den Anleihe- als auch den Aktienmarkt wie der Mississippi 1993 – zwar nicht im Hinblick auf dessen zerstörerische Wirkung, aber was seine Kraft, seine Breite und vor allem seine Länge angeht. Beide Bullenmärkte gehören zu den größten und profitabelsten in der Geschich-

---

DER SCHLAUE ANLEGER:
Anleihen auf der Wippe

Für Anleger, die nicht täglich mit Anleihen zu tun haben, ist die Beziehung zwischen den Zinssätzen und den Kursen von Anleihen ziemlich verwirrend. Was bedeutet es, wenn ein Fernsehkommentator sagt, der Anleihemarkt sei gestiegen? Sind dann die Zinsen gestiegen oder aber die Kurse, wie es dem Sprachgebrauch in Bezug auf den Aktienmarkt entspricht? Die Unklarheit rührt daher, dass sich die Zinsen (der Ertrag) und die Kurse von Anleihen in einander entgegensetzte Richtungen bewegen – etwa wie bei einer Wippe.

Wenn die Verzinsung steigt, sinken die Anleihekurse und umgekehrt. Je länger die Laufzeit, desto größer die Bewegung. Stellen Sie sich einfach vor, dass sich Anleihen mit kurzen Laufzeiten nahe am Mittelpunkt der Wippe befinden. Dort bewegen sie sich kaum. Anleihen mit langer Laufzeit sitzen ganz außen auf der Wippe. Ihre Kurse werden extrem ausgelenkt, wenn sich die Zinssätze am anderen Ende nach oben oder unten bewegen.

Jetzt, da Sie das Wippenprinzip kennen, wissen Sie auch die Antwort auf meine Frage: Wenn der Anleihemarkt an einem Tag steigt, was bewegt sich dann nach oben – die Kurse oder die Zinssätze? Die Kurse!

te. Deswegen erwarten die meisten Anleger und Vermögensverwalter dasselbe für die Zukunft: zweistellige Renditen und Märkte, die sich ausschließlich nach oben bewegen. Nur wird das nicht passieren. Stattdessen werden wir Märkte sehen, die eher dem idyllischen Butler Creek meiner Kindheit ähneln: ruhig und friedlich und meist ohne Turbulenzen. Für die Finanzmärkte bedeutet das relativ niedrige Renditen. Um es genauer zu sagen: In den nächsten drei bis vier Jahren werden Aktien wahrscheinlich 8 Prozent und Anleihen 6 Prozent abwerfen. Zum Vergleich: Seit Anfang der 80er-Jahre weisen sowohl Anleihen als auch Aktien eine annualisierte Gesamtrendite von mehr als 15 Prozent auf.

DER SCHLAUE ANLEGER:
Die Gesamtrendite

Die Gesamtrendite ist ein Begriff, der für viele Anleger schwer zu verstehen ist. Wenn sie an Anleihen denken, stellen sie sich ihren Gewinn einfach als deren Zinsertrag vor. Das stimmt aber nur, wenn die Anleihe bis zur Fälligkeit gehalten wird. Selbst dann fällt aber der Zinseszins unterschiedlich aus, wenn die regelmäßigen Zinsausschüttungen zu verschiedenen Sätzen neu investiert werden.

Die Gesamtrendite einer Anleihe besteht aus Zinsausschüttungen und Kursgewinn oder -verlust. Wenn man die annualisierte Gesamtrendite misst, muss man zum Zinsertrag einer Anleihe die Kursveränderung während des Jahres addieren, um eine korrekte Berechnung zu erhalten. Wenn ich von der Ära der 6 Prozent spreche, beziehe ich mich auf die *Gesamtrendite* von Anleihen und nicht nur auf ihren Zinsertrag.

Für Aktien sieht die Berechnung im Grunde genauso aus, nur mit dem Unterschied, dass an die Stelle des Zinssatzes die Dividendenrendite tritt: Kursveränderung plus Dividendenrendite gleich Gesamtrendite. Ich glaube, dass die Aktienkurse in naher Zukunft wahrscheinlich um 6 Prozent jährlich steigen werden und ihre durchschnittliche Dividendenrendite 2 Prozent betragen wird: 6 + 2 = 8 Prozent Gesamtrendite, womit Aktien nur wenig besser als Anleihen sein werden.

Die wenigsten Vermögensverwalter und Anleger, die heute tätig sind, waren einmal Bedingungen ausgesetzt, wie wir sie erleben werden. Sie haben nur einen einzigen Fluss befahren und sind schlecht vorbereitet auf die seichten Gewässer, die uns erwarten. Meiner Meinung nach bewegen wir uns auf einen kleinen Bach zu und nicht auf einen reißenden Strom. Wir haben die Stromschnellen hinter uns gelassen, sind von einem Wasserfall in die Tiefe stürzender Zinsen und schier unbezähmbarer Aktienkurse mitgerissen worden und werden nun einen Wasserlauf befahren, der weit gemächlicher sein wird als jeder andere seit Ende der 50er-Jahre. Es geht zurück zum Butler Creek.

Warum die fetten Jahre vorbei sind

Die Gründe sind leicht zu verstehen. Einstein hätte vielleicht gesagt: Die Mathematik beweist es. Am Anleihemarkt beispielsweise werden die Anlagegewinne bedeutend durch die Höhe der anfänglich herrschenden Zinssätze beeinflusst. Wenn man mit einer Verzinsung von 15 Prozent beginnt, wie es 1981 der Fall war, dann ist die Wahrscheinlichkeit einer 15-prozentigen Gesamtrendite in den nächsten fünf bis zehn Jahren recht hoch. Natürlich gibt es keine Garantien, denn am Anleihemarkt sind die *Gesamtrenditen* von zukünftigen Zinssätzen abhängig. Sie werden nicht nur durch die Neuanlage der halbjährlichen Zinsausschüttungen beeinflusst, sondern auch durch den *zukünftigen* Kurs der Anleihe. Dennoch ist der Ausgangspunkt von großer Bedeutung. Der Zinssatz von 15 Prozent im Jahr 1981 führte zehn Jahre später schließlich zu beinahe 15-prozentigen Gesamtrenditen, wie aus Abbildung 1-1 ersichtlich. Die Kurve zeigt die durchschnittliche Jahresgesamtrendite von Anleihen in Zehn-Jahres-Zeiträumen seit 1970. Und siehe da: 1991 – zehn Jahre, nachdem die Zinsen langfristiger US-Schatzanleihen mit mehr als 15 Prozent ihren Höhepunkt erreichten – war die Gesamtrendite in diesem Zehn-Jahres-Zeitraum beinahe identisch mit der Verzinsung zu Anfang des Zeitraums.

Abbildung 1-1.
Durchschnittliche Jahresgesamtrendite von US-Anleihen
(Zehn-Jahres-Zeitraum)

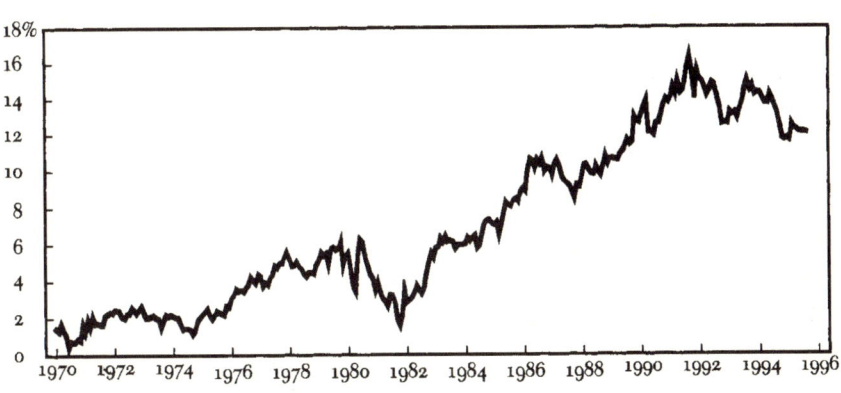

(Quelle: Bridgewater Associates)

Die heutige Verzinsung von Schatzpapieren, die 5 bis 6 Prozent beträgt, vermittelt Ihnen also eine ziemlich genaue Vorstellung davon, wie Ihre Gewinne in Zukunft aussehen werden, selbst wenn Sie einen kürzeren Zeitraum wie zum Beispiel die Spanne zwischen 1997 und dem Ende des 20. Jahrhunderts betrachten. Ein Beispiel: Ein US-Schatzwechsel mit fünfjähriger Laufzeit, der 1996 eine Verzinsung von 6 Prozent aufweist, wird, wenn er 2001 fällig wird, wahrscheinlich eine Rendite von etwa 6 Prozent erbringen. Die längerfristigen Anweisungen und

Anleihen sind etwas problematischer, denn 2001 ist ihr Fälligkeitsdatum noch einige Jahre entfernt, und der Zinssatz zu dieser Zeit wird ihren Kurs beeinflussen. Trotzdem müssten sich die Zinsen in der Zwischenzeit schon dramatisch ändern, um das Endergebnis weit über oder unter den anfänglichen Zinssatz zu drücken.

Mögliche Aktiengewinne können Sie auf ähnliche Weise analysieren: indem Sie die Dividendenrendite des Marktes zu der voraussichtlichen Ertragswachstumsrate von Unternehmen addieren. Wenn wir von einer Dividendenrendite von 2 Prozent ausgehen, müssen wir nur die zukünftige Ertragsentwicklung abschätzen, um eine grobe Annäherung an die Gesamtrendite zu erhalten. Das ist natürlich nicht einfach, aber wenn man die letzten 70 Jahre betrachtet, so zeigt der Standard & Poor's 500 eine Gewinnwachstumsrate von 6,1 Prozent, wie Abbildung 1-2 zeigt. Zählt man beide Werte zusammen, ergibt sich eine Gesamtrendite von knapp über 8 Prozent. Bei Kurs/Gewinn-Verhältnissen (KGVs), die etwas über dem historischen Normwert liegen, ist nur eine geringfügige Abwärtskorrektur nötig, damit sich die 8 Prozent ergeben, die ich für den Aktienmarkt bis Ende des 20. Jahrhunderts prognostiziere.

Abbildung 1-2.
Gewinnwachstum von US-Unternehmen

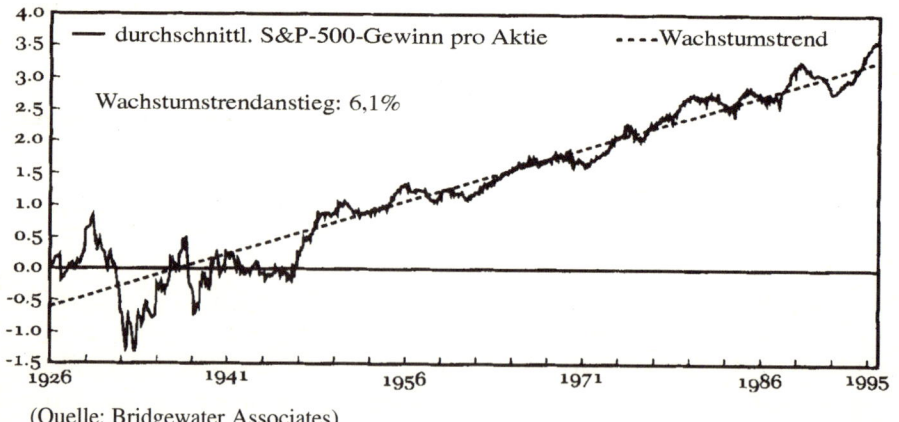

(Quelle: Bridgewater Associates)

Aber meine Vorhersage einer Rückkehr zum Butler Creek stützt sich nicht allein auf die Mathematik. Bedeutender sind die wirtschaftlichen Rahmenbedingungen. Damit wir Renditen von etwa 6 Prozent für Anleihen und etwa 8 Prozent für Aktien erwarten können, ist grundsätzlich eine andere Wirtschaftslage nötig als die, die uns in den vergangenen 15 bis 20 Jahren so dynamische Märkte beschert hat. Die Wirtschaft der 70er-Jahre war von billigen Krediten und steigender Inflation geprägt, die der 80er dagegen von einer Verknappung am Geldmarkt und von Deflation. Der dramatische Übergang von der einen Phase zur anderen ließ die Zinsen auf langfristige US-Schatzpapiere 1981 auf 15¼ Prozent hochschnellen; 1993 waren sie wieder auf 5¾ Prozent abgesackt. Ein Anleiheanleger hätte tatsächlich in vielen Drei- oder Vier-Jahres-Zeiträumen ein negatives Ergebnis zu verzeichnen gehabt – oder aber eine jährliche Gesamtrendite von bis zu 18

Prozent, je nachdem, ob sich die Inflation beschleunigte oder verlangsamte. Der Aktienmarkt zeigte mindestens die gleiche Volatilität.

Der Markt der Zukunft wird anders aussehen, weil sich die Wirtschaft gewandelt hat. In einer Reihe von Kapiteln, die in Teil II dieses Buches beginnen, werde ich erklären, warum das nominelle Wirtschaftswachstum (reales Wachstum plus Inflation) während des Rests des Jahrhunderts bescheidene 4 bis 5 Prozent betragen und warum sich die Inflationsrate um 2 Prozent bewegen dürfte. Das ist die Grundlage meiner Butler-Creek-Prognose: 5 Prozent nominelles Wachstum des Bruttoinlandsproduktes und 2 Prozent Inflation. Sicherlich werden wir bis zum Jahr 2000 eine leichte Rezession und einen nicht unbedeutenden Konjunkturaufschwung erleben – aber viel mehr auch nicht. Die Inflation wird keinem anhaltenden Aufwärtsdruck ausgesetzt sein und somit die Anleger nicht zwingen, Anleihen – oder auch Aktien – den Rücken zu kehren. Ich werde nun auf hoffentlich überzeugende Weise die folgenden langfristigen Trends analysieren, die versprechen die Inflation in Schranken zu halten:

1 Ein gegenwärtig hoher Verschuldungsgrad, der den Konsum bremst.
2 „Freischärler" des Kapitalmarktes, die eine disziplinierte Geldmengen- und Finanzpolitik erforderlich machen.
3 Eine demographische Entwicklung, die die amerikanischen Verbraucher zum Sparen tendieren lässt und ihrer Kauffreudigkeit ein Ende bereit.
4 Ein globales Handelsumfeld, das langsames Lohnwachstum fördert.

GRUNDKURS VWL:

Reales kontra nominelles Wachstum des Bruttoinlandsprodukts

Diskussionen um die Wachstumsrate unseres Bruttoinlandsprodukts (BIP) sind oft verwirrend. Zunächst muss man sagen, dass das Bruttoinlandsprodukt bei Wirtschaftswissenschaftlern und in Veröffentlichungen früher Bruttosozialprodukt hieß, aber aus irgendeinem unerfindlichen Grund vor einigen Jahren umbenannt wurde. Das Bruttoinlandsprodukt ist die gesamte jährliche Produktion von Waren und Dienstleistungen in einer Volkswirtschaft und ändert sich logischerweise jedes Jahr. Diese Veränderungen ergeben die sogenannte Wachstumsrate des Bruttoinlandsproduktes.

Die Wachstumsrate des Bruttoinlandsprodukts kann jedoch auf zwei verschiedene Arten angegeben werden. Das *reale* Wachstum des Bruttoinlandsprodukts ist der Anstieg des Aufkommens an Waren und Dienstleistungen nach Abzug der Inflation. Das nominelle Wachstum schließt die Inflation ein. Deswegen wird das *nominelle* Wachstum des Bruttoinlandsprodukts – solange wir ein Minimum an Inflation haben – immer größer sein als das reale.

Unterscheiden Sie zwischen diesen beiden Begriffen, denn sie werden überall in diesem Buch verwendet.

Noch nie zuvor waren alle diese vorherrschenden langfristigen Trends zur selben Zeit so deutlich ausgeprägt und noch nie zuvor hat diese Formation so unmissverständlich auf leichtes Wirtschaftswachstum ohne Inflationsdruck hingewiesen. Es gibt also kaum einen Grund, größere Veränderungen der Zinssätze zu erwarten. Die Inflation ist der wichtigste Faktor, der die Zinssätze beeinflusst – und wenn sie sich in den nächsten drei bis fünf Jahren nicht erheblich ändert, werden sowohl die Gesamttrenditen auf Anleihen (Zinsen plus Kursveränderung) als auch diejenigen auf Aktien (Dividende plus Kursveränderung) bescheiden ausfallen.

Das vielleicht Wichtigste, was Anleger erkennen müssen, ist, dass unser derzeitiger, seit 15 Jahren anhaltender Anleihen- und Aktienbullenmarkt das Ergebnis sinkender Inflation ist – Ökonomen sprechen von Disinflation. Seit 1981 ist die Inflationsrate fast alle fünf Jahre merklich gesunken. Wie Abbildung 1-3 zeigt, fand die größte Veränderung in den frühen 80er-Jahren statt, aber auch zwischen 1984 und 1989 sowie zwischen 1990 und der Gegenwart kam es zu einem Rückgang.

Abbildung 1-3.
Inflation in den USA, 1960 – 1995

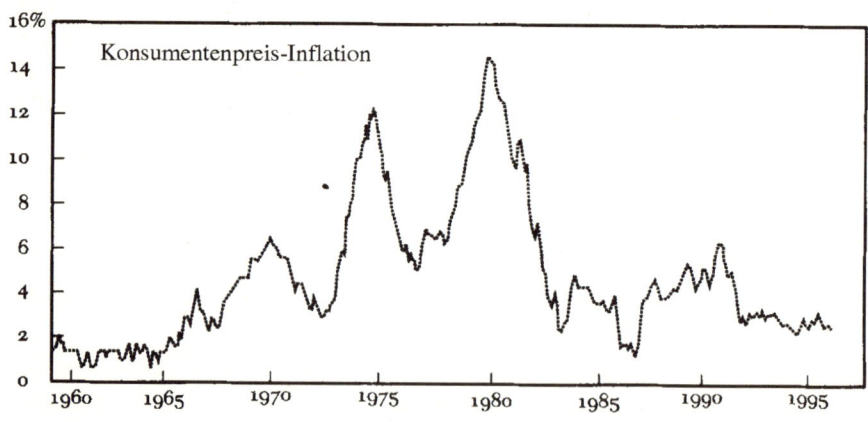

(Quelle: *The Bank Credit Analyst*, Februar 1996)

Diese Bewegung erzeugte den bullischen Anleihen- und Aktienmarkt und hielt ihn in Gang, *weil Kapitalanlagen mehr vom Übergang zu einer Phase niedriger Inflation profitieren als von der niedrigen Inflation selbst*. Wegen des Abwärtstrends der Inflationsrate belebten sich die Anleihekurse, die Kurs/Gewinn-Verhältnisse stiegen und die Unternehmenserträge wuchsen deutlich an. Hier haben wir die Hauptelemente, ja, die Definition eines bullischen Anleihen- und Aktienmarktes. Wenn aber zwei der drei Elemente nicht mehr vorhanden sind, dann ist der Höhepunkt des Bullenmarktes erreicht. Wenn die Zinssätze nicht weiter sinken und die Anleihekurse nicht mehr steigen, werden die Kurs/Gewinn-Verhältnisse eher moderat, und wenn sich die Kurs/Gewinn-Verhältnisse stabilisiert haben, dann hängen die Anlagerenditen von Aktien vom entsprechenden Ertragswachstum ab, genau wie die Anlagerenditen von Anleihen von deren Umlaufrendite abhängen. Das Ergebnis ist eine Welt, in der mit Anleihen und Aktien nur 6 bis 8 Prozent zu holen sind.

Natürlich kann es so sein, dass Sie in einem Jahr eine Rendite von 15 Prozent erzielen können und im Jahr darauf fast keine. Im *Durchschnitt* jedoch werden die Gewinne bei weitem nicht an die heranreichen, die Sie gewohnt sind. Sie sind eben verwöhnt worden! Sie haben einen der größten Bullenmärkte aller Zeiten miterleben dürfen, aber die fetten Jahre sind nun vorbei. Wenn Sie damit rechnen, in einem Jahr 20 Prozent Gewinn zu machen, um ein zweites Haus zu kaufen oder Ihrem Kind das Studium zu finanzieren, vergessen Sie es. Statt aber zu verzweifeln, müssen Sie nur lernen, realistisch zu sein - und genau darum geht es in diesem Buch.

Also, kommen Sie ruhig mit; das Wasser ist angenehm, nur nicht besonders tief. Es ist ein warmer Herbsttag, das Getreide steht reif auf den Feldern und die Welt ist noch ziemlich heil. Im Bach gibt es Krebse und Salamander, am Ufer stehen Bäume mit langen Lianen, an denen man sich schwingen lassen kann, und unter den Wurzeln der alten Eiche gibt es sogar Fische zu fangen. Nur ist hier nicht der Mississippi, der gewaltige Strom, an den Sie sich vielleicht in den letzten Jahrzehnten gewöhnt haben, sondern der Butler Creek, der Bach der 6 Prozent. In den nächsten Kapiteln werde ich mit Ihnen diesen sanften Bach entlang reisen, um Sie mit ihm vertraut zu machen. Ich werde ihn genauer beschreiben, mit Hilfe von ökonomischen Grundbegriffen erklären, warum Ihre Kapitalanlagen in den nächsten fünf Jahren wahrscheinlich einem kleinen Wasserlauf in der Nähe von Middletown in Ohio ähneln werden, und Ihnen einige Tipps dazu geben, wie Sie Ihr Boot dieser ungewissen Zukunft entgegensteuern sollten. Legen wir ab!

2. Kurs halten!

Der kluge Anleger denkt langfristig

„Es gibt zwei Dinge, die du nie vergessen darfst", sagte einmal ein Freund zu mir, als ich mit einer ganzen Reihe von scheinbar unüberwindlichen Problemen zu kämpfen hatte. „Erstens: Mach dir keine Sorgen wegen Kleinkram. Zweitens: *Alles* ist Kleinkram." Dank diesem Ratschlag konnte ich sofort wieder lachen, was kurzfristig meinen Kummer linderte, aber im Lauf der Jahre habe ich dann oft ernsthaft darüber nachgedacht. In diesen zwei Sätzen steckt genug Material, um einen Philosophen oder ein ganzes Dutzend Moderatoren von Radio-Talksendungen jahrelang zu beschäftigen. Wenn alles „Kleinkram" ist und das Leben nur ein Traum, wie die letzte Zeile eines alten Liedes behauptet, dann ist es vielleicht gar nicht verkehrt, nur ganz langsam zu rudern, während man gemächlich den Fluss des Lebens hinabfährt. Wenn dagegen zu dem vielen Kleinkram auch einige dicke Brocken kommen, dann beschleunigt sich das Tempo und eine gewisse Anstrengung ist vonnöten. Der Trick besteht natürlich darin, darüber nachzudenken, was die wirklich bedeutenden Dinge sein könnten, und sie zu erkennen, wenn man mit ihnen konfrontiert wird – was für jemanden, der ernsthaft über den Sinn des Lebens und über das Fazit seiner eigenen Existenz nachdenkt, nicht unbedingt eine leichte Aufgabe ist.

Ich bin, wie Sie vielleicht schon erraten haben, zu dem Schluss gekommen, dass es auf der Welt einerseits Unmengen von Kleinkram gibt, über die man sich keine Gedanken zu machen braucht, und andererseits einige wenige dicke Brocken, die Konzentration und ständige Aufmerksamkeit erfordern. Faszinierend und irgendwie frustrierend ist jedoch, wie relativ und belanglos selbst diese dicken Brocken erscheinen, wenn man dem Wasserlauf etwas weiter gefolgt ist. Wenn man sich mit 17 von seiner Jugendliebe trennt, dann ist das sicher ein großes Ereignis, doch wenn man ein Jahrzehnt später verheiratet ist und eine Familie gegründet hat, ist die Erinnerung daran kaum noch der Aufregung wert. Wer sich als 30-Jähriger erfolglos um eine Beförderung oder einen neuen Job bemüht, mag am Boden zerstört sein, nur um 20 Jahre später nüchtern zu erkennen, dass es zu seinem Vorteil war. Die Untreue eines Ehepartners kann eine Ehe bis an den Rand der Scheidung bringen, aber wer auf die 60 zugeht, gesundheitliche Probleme hat und nicht allein leben kann, verbucht dergleichen nur noch als „Bagatelle". Im Lauf der Zeit verwandeln sich viele dicke Brocken in Kleinkram – und in gewisser Weise ergibt der klassische Zweizeiler meines Freundes Sinn. Vielleicht *ist* wirklich alles Kleinkram!

Aber halt, das kann doch nicht stimmen. Das Leben hat keinen Sinn, wenn es nur aus einer Kette von Ereignissen besteht, die rasch ihre Bedeutung verlieren. Die obigen Überlegungen stimmen nicht, weil die Ereignisse dann von vornherein nicht bedeutend hätten erscheinen dürfen. Das wirklich Bedeutende ist – abgesehen von den unvermeidlichen Tragödien des Lebens – jenes zarte, kaum wahrnehmbare Gespinst aus Gefühlen, Gedanken und Taten, das das Leben jedes Einzelnen von uns ausmacht. Es hat weniger mit Ereignissen zu tun – mit dem, was uns passiert – als vielmehr mit unserem Verhalten, also mit der Art und Weise, wie wir reagieren. Es geht nicht um einzelne Erfolge und Misserfolge, sondern um unsere Einstellung zu allem. Behandeln wir unsere Mitmenschen fair und großzügig und wenigstens mit einer Spur von Nächstenliebe? Machen wir uns bewusst, dass es eine Welt außerhalb unserer eigenen Existenz gibt? Sind wir mit unserem Schöpfer im Reinen und nähern wir uns dem Zielhafen des Lebens in der Hoffnung auf eine ewige Zukunft? Oder können wir wenigstens im Rückblick zufrieden damit sein, wie wir unser Boot jenen weltlichen Strom entlang gesteuert haben, der höchst ungewissen Gestaden entgegenfließt? Das sind die dicken Brocken. Alles andere ist – im Rückblick betrachtet – die Aufregung nicht wert.

Investieren mit Weitblick

In der Welt des Investments gibt es kaum wichtigere Prinzipien als die großen Zusammenhänge im Auge zu behalten. Wer sich in Details verzettelt, verliert fast immer; aber Anleger, die sich eine langfristige Perspektive zu eigen machen, verbessern ihre Chancen ungemein, selbst im Vergleich mit den Profis. Diese Lektion habe ich früh gelernt, noch bevor ich 1971 mit der Vermögensverwaltung begann. Es war 1966. Ich hatte gerade an der Duke University meinen Abschluss gemacht und hatte vier Monate Zeit, bevor ich mich in einem Grundausbildungslager der Marine einzufinden hatte. Also beschloss ich, mich in Las Vegas als professioneller Blackjack-Spieler zu versuchen. Ich hatte mich während meines gesamten letzten Studienjahres mit der Kunst des Kartenzählens beschäftigt und wenig Zeit in Hörsälen, viel aber mit Kartenspielen verbracht. Und da ich wusste, dass dank des Systems, das ich mir angeeignet hatte, die Chancen für mich besser standen als für die Kasinos, war ich der Meinung, ich könnte das Blackjack-Spielen professionell angehen, ohne mich einem sinnlosen Zeitvertreib hinzugeben, wie man ihn mit dem Wort „Glücksspiel" gemeinhin verbindet.

Nun, beim Blackjack lief es tatsächlich so gut wie erwartet, aber ich stellte fest, dass es Phasen gab – mehrere Stunden, sogar ein bis zwei Tage –, in denen ich nicht gewann und das frustrierte mich extrem. Ich saß stundenlang herum, fragte mich, was los war, und hatte Angst, wieder an den Tisch zu gehen. Schließlich wurde mir klar, dass man – wenn man die besseren Chancen hat – langfristig denken muss. Eine kurze Pechsträhne wird fast immer von einer langen Gewinnphase ausgeglichen. Statt auszusetzen hätte ich weiterspielen sollen um langfristig Gewinn zu machen.

Wenn man aber von größeren Zeitrahmen spricht, ist es wichtig, diese zu definieren. Selbstverständlich sieht langfristiges Investieren anders aus als die Bilder, die wir von Wirtschaftssendern kennen: Händler, die an jedem Ohr einen Telefonhörer haben und angeblich Unmengen von Geld verdienen. (Ich habe diese Technik einmal ausprobiert und festgestellt, dass ich nichts mehr von dem verstand, was meine beiden Ohren mir mitzuteilen versuchten!) Andererseits: Langfristig gesehen sterben wir alle, wie Keynes einmal sagte.

Für mich bedeutet das, dass der Zeitrahmen eines Anlegers länger als ein paar Sekunden sein muss, aber kürzer als die Ewigkeit! Neulich hörte ich, wie ein ehemaliger Manager eines Aktienfonds im Fernsehen vorhersagte, der Dow-Jones-Industrials-Index werde noch auf 116.000 klettern! (Derzeit steht der Index bei etwas über 6.400.) Auf die Frage, wann es soweit sein werde, zuckt er nur mit den Schultern, was so viel bedeutete wie „Irgendwann – man muss nur lang genug warten!" Ich bin ganz und gar nicht mit vielen Kapitalmanagern einverstanden, die die Meinung vertreten, dass man am besten immer voll investiert bleibt, weil Aktien auf lange Frist gesehen immer steigen. Diese Menschen sind der Meinung, dass es unmöglich ist, den Markt zeitgenau zu berechnen, und dass man deswegen am besten wartet, bis sich die Wogen geglättet haben und man ganz zwangsläufig wieder auf Kurs kommt. In einem stimme ich mit ihnen überein: Kurzfristiges „Markttiming" ist schwierig – und ich versuche es auch selten. Das größte Problem dabei ist, sich nicht von menschlichen Emotionen verleiten zu lassen, vor allem von den eigenen. Am unteren Ende eines Bärenmarktes ist es schwer, seine Angst zu überwinden und voll einzusteigen – selbst wenn man guten Grund hat, zu glauben, dass man sich am Ende eines jenen befindet! Bei einem Hoch sieht es ebenso aus: Es kostet Mühe, seine Gier im Zaum zu halten, auch wenn man bereits das Gefühl hat, dass alles zu schön ist, um wahr zu sein.

Es gibt jedoch Situationen, in denen es ratsam ist, ein Portefeuille zu modifizieren – und das bedeutet nicht, dass man einfach nur aktuelle Wachstumsaktien verkauft und auf konservative Standardwerte umsteigt. Darüber hinaus sollte die Anleihen/Aktien-Gewichtung verändert werden und gemäß langfristigen Erwartungen Kapital abgezogen oder investiert werden. Wie langfristig? Langfristig bedeutet länger als einen Monat, auch länger als ein Jahr; aber nicht unendlich lang. Am besten ist es, ein Portefeuille einem Zeitrahmen von drei bis fünf Jahren entsprechend zu strukturieren, indem man sich mit den *säkularen* Faktoren beschäftigt, wie ich sie nenne. Wohlgemerkt: Ich will hier keineswegs über Religion sprechen. Vor einigen Jahren hielt ich einmal eine Unternehmenspräsentation und als ich über die Vorteile einer säkularen Perspektive sprach, wurde ich sofort gefragt, was Gott denn mit den Zinssätzen zu tun hätte. „Das weiß ich auch nicht so genau", antwortete ich höflich und erklärte dann, dass „säkular" hier längerfristig bedeutete und sich auf eine Zeitspanne von drei bis fünf Jahren bezog. Bei noch ausgedehnteren Zeiträumen fände man sich in der Welt der reinen Vermutungen wieder, in der John Naisibitt und die Futuristen zu Hause sind, bei weit kürzeren hätte man bald an jedem Ohr ein Telefon hängen wie die Wertpapierhändler im Fernsehen.

Ich denke, es ist am besten, ein Portefeuille auf diesen drei- bis fünfjährigen Zeitraum einstellen. Eine Planung mehrere Jahre im voraus gibt der

Psyche zu verstehen, dass die Kapitalanlage kein Spiel ist, sondern ein ernsthaftes langfristiges Unterfangen. Außerdem werden so die Angst und die Gier gemindert, die unsere Anlageentscheidungen beeinträchtigen. Einer der Helden der Investmentwelt ist für mich Jesse Livermore. Hinter meinem Schreibtisch im Büro hängt ein Bild von ihm, auf dem er mit Zylinder zu sehen ist. Jesse Livermore war in den 20er- und frühen 30er-Jahren tätig, wurde achtmal Millionär und machte ebenso oft bankrott. Er erschoss sich 1932 in einem Waschraum an der Wall Street, so dass man ihn wohl den Ernest Hemingway des Investments nennen könnte. Er war ein Mensch, den wohl nicht viele zu ihrem Helden küren würden. Aber er schrieb viel Ge-

---

DER SCHLAUE ANLEGER:
Säkulare kontra kurzfristige Trends

Für die Kapitalanlage braucht man einen langen Atem - und weil das so ist, sollten Anleger sich wie ein Marathonläufer verhalten und nicht wie ein Sprinter. Marathonläufer wählen ihre Geschwindigkeit mit Bedacht, planen voraus und teilen sich ihre Kräfte ein. Anleger müssen genauso verfahren. Da sie langfristige Ziele haben, ist es naheliegend, dass die Informationen, aufgrund derer sie ihre Entscheidungen treffen, von *säkularer* Reichweite sein sollten. „Säkular" sind Trends, die Jahre brauchen, um zu reifen und ihren Höhepunkt zu finden.

Ich arbeite gern mit einem Zeitrahmen von drei bis fünf Jahren, weil ein Anleger nicht erwarten kann, für längere Zeiträume vernünftige Prognosen anstellen zu können. Statt sich zum Beispiel auf Ein-Monats-Trends wie die Anzahl der Wohnneubauten zu konzentrieren, sollte ein Anleger die säkularen demographischen Tendenzen analysieren, die den langfristigen Bedarf an Eigenheimen letztlich steuern. Zu den säkularen Trends gehören auch die Finanz- und Geldmengenpolitik, Handelsbilanzen, die Stärke oder Schwäche der Währung eines Landes und die aktuellen politischen Einstellungen seiner Bürger.

---

scheites über die Kapitalanlage in seinem Buch *Reminiscences of a Stock Operator*, das zum Klassiker wurde. Eine seiner größten Erkenntnisse war die folgende: „Im Lauf meiner Jahre als Anleger habe ich festgestellt, dass das große Geld weder mit Kaufen noch mit Verkaufen gemacht wurde, sondern mit Warten."

Vergessen Sie die Transaktionen. Setzen Sie sich ein Ziel und steuern Sie es an. Mein idealer Horizont umspannt drei bis fünf Jahre, weil damit das tägliche Auf und Ab die Emotionen ausgeschaltet und es Ihnen damit erlaubt wird, sich auf die bedeutenden makroökonomischen Trends zu konzentrieren, die den Markt hauptsächlich beeinflussen.

Bedeutende säkulare Trends

Was sind Beispiele für solche Trends? Im Rest des Buches werden viele von ihnen besprochen werden. Eines der Gebiete, mit denen ich mich am liebsten beschäftige, ist die Demographie – der langsame, fast unmerkliche Wandel von Bevölkerungstendenzen: wie viele Kinder wo und wann geboren werden, oder das Alter, in dem die meisten Menschen ihr erstes Haus kaufen. Diese banalen, scheinbar irrelevanten Daten haben nichts gemein mit den aktuellen Wirtschaftsmeldungen über die Rechenleistung des neuesten Computerchips oder den neuesten Film aus den Disney-Studios – aber sie gehören bei der Vorhersage von Zinssätzen und Aktienkursen zu den aussagekräftigsten Faktoren.

Ein weiterer säkularer Trend ist seit einiger Zeit die Globalisierung des Handels und der Finanzen. Die Tatsache, dass es möglich geworden ist, Produktionsstätten an Orte auf der ganzen Welt zu verlagern, an denen billige Arbeitskräfte vorhanden sind, hat in den 90er-Jahren erheblich dazu beigetragen, die Inflation einzuschränken. Hier lässt eine Analyse des Nordamerikanischen Freihandelsabkommens (NAFTA) und der Europäischen Union erahnen, in welche Richtung sich der Handel während des restlichen Jahrhunderts bewegen wird.

Ein weiterer säkularer Faktor wäre der wachsende Einfluss von Anleihehändlern oder den „Freischärlern des Kapitalmarktes", wie ich gerne sage. Ihr Einfluss hat den Wert von Aktien und Anleihen in den letzten Jahren enorm verändert. Sogar James Carville, der 1992 Bill Clintons Wahlkampfmanager war, hat einmal gesagt, dass er in seinem nächsten Leben gern Anleihehändler wäre (eigentlich, dass er gern der „Anleihemarkt" wäre, aber der ganze Markt ist selbst für eine Reinkarnation von Carville ein wenig zu amorph).

Zu den säkularen Faktoren gehören auch die Geldmengenpolitik, die Finanztrends (wie groß wird das Defizit ausfallen?) und die potenzielle Stärke oder Schwäche des Dollars im Vergleich zu anderen großen Währungen. Wenn Sie all das auf den Gedanken bringt, dass Sie vielleicht einen Auffrischungskurs in Wirtschaftslehre brauchen, haben Sie womöglich Recht. Ich sage immer, ein guter institutioneller Anleihemanager muss zu einem Drittel Mathematiker sein, zu einem Drittel Pferdehändler und zu einem Drittel Ökonom. Als Privatanleger brauchen Sie das nicht alles gleichzeitig zu sein, aber ein Verständnis der großen säkularen Wirtschaftsfaktoren ist ungemein hilfreich.

Wenn Sie nun einen Blick auf Abbildung 2-1 (auf der nächsten Seite) werfen, sehen Sie ein Beispiel für solche säkulare Faktoren. Die Abbildung ist eine fast 200-jährige Historie der Rohstoffpreise. Das Erste, was mir auffällt, wenn ich sie betrachte, ist, dass sie einen sehr, sehr langen Zeitraum darstellt, anders als der täglich aktualisierte CRB-Rohstoffindex, der nur besagt, ob es im mittleren Westen geregnet hat oder nicht. Die Abbildung umfasst Phasen der Rezession und des Aufschwungs, Phasen extremer Hochkonjunktur und der Depression sowie Phasen der Inflation und der Deflation. Beachten Sie den dramatischen Anstieg der Preise während des Zweiten Weltkriegs. Zu dieser Zeit muss sich etwas verändert haben. War es Franklin D. Roosevelt und der Beginn einer neuen Sozial- und Wirtschaftspolitik, eine Zentralbank, die keine bedeutende Rezession zuließ, oder einfach der Ausbruch des Krieges? Gleich welcher Ansicht man ist – wenn man ein Diagramm betrachtet, das einen derart ausgedehnten Zeitraum umfasst, fängt man an, über die säkularen Faktoren nachzudenken, die die Märkte beeinflussen. Und so verdient man Geld: Mit Warten, wie Jesse Livermore es ausdrückte.

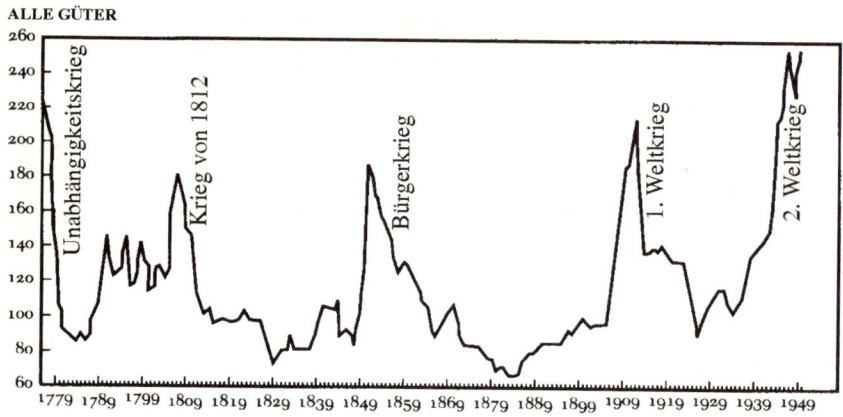

Abbildung 2-1.
Index der Großhandelspreise, 1779 – 1951

(Quelle: U.S. Historical Statistics, Bureau of the Census, Washington, D.C. 1975)

Warten Sie aber nicht, wenn es darum geht, sich über langfristig wirksame Faktoren zu informieren. Abonnieren Sie einige Zeitschriften, in denen die langfristige Perspektive berücksichtigt wird, wie den *Economist*, jenes angesehene, ausgezeichnet geschriebene und leicht lesbare britische Magazin für Wirtschaft und Politik. Lesen Sie Bücher, die die Geschichte und speziell die Wirtschaftsgeschichte zum Thema haben – es gibt eine ganze Reihe guter Werke. (Einige meiner Lieblingsbücher werden in diesem Buch erwähnt.) Abonnieren Sie einen oder zwei Börsenbriefe, wie Ray Dalio von Bridgewater Associates und Ed Hyman von ISI sie anbieten, die mit Diagrammen lange Zeiträume erfassen und Kommentare zu den verschiedensten Wirtschaftsstatistiken bieten. Um in der Investmentwelt Erfolg zu haben, brauchen Sie mehr als nur dieses Buch. Wie auch immer Ihre Lesegewohnheiten und persönlichen Präferenzen aussehen – legen Sie das Telefon aus der Hand und fangen Sie an, sich auf die nächsten drei bis fünf Jahre zu konzentrieren. Das ist ein überschaubarer Zeitraum, in dem Sie durchaus schon Geld verdienen können. Sie müssen aufhören, sich über Kleinkram Gedanken zu machen, und sich stattdessen auf einige wenige dicke Brocken konzentrieren. Richten Sie den Kurs Ihres Bootes nach der säkularen Perspektive aus.

Teil II:
Die wirtschaftlichen Rahmendaten

3. Augen auf!

Im Auf und Ab der Konjunkturzyklen

„Eher geht ein Kamel durch ein Nadelöhr, als dass ein Reicher die Himmelspforte durchschreitet."

Neulich unterhielt ich mich mit einem Geist über Steuern. Nein, damit will ich nicht andeuten, dass ich übernatürliche Kräfte hätte oder dass meine Steuern so hoch wären, dass ich die Steuerberatungsabteilung des Jenseits hätte konsultieren müssen. Aber es war der 9. April und ich unterschrieb gerade eine der fürchterlichsten Steuererklärungen, die je ein Mann unterschrieben hat (dessen ungeachtet war meine Frau Sue natürlich ebenso an allem beteiligt und trägt die gleiche Verantwortung.) „Mein Gott", sagte ich zu mir selbst und plötzlich erschien aus dem Nichts ein Geist – und zwar ein Geist, der gekleidet war wie Uncle Sam.

Was mich dazu veranlasst hatte, den Namen des Herrn zu führen, während ich mein Steuerformular unterschrieb, war die Erkenntnis, dass fast die Hälfte meines Einkommens vor allem anderen zugute kam. Sicher würde ein Teil davon in den „Verteidigungshaushalt" fließen und ein anderer dazu dienen, das Gehalt des erbarmungslosen Finanzbeamten selbst zu bezahlen – aber der größte Anteil würde von meinem Konto auf das eines anderen Menschen überwiesen werden, in Form von Sozialhilfe, Krankenkassenleistungen, Pensionen, Essensmarken und dergleichen. Als Konservativer der 90er-Jahre, der sich schließlich doch von der „Logik" der Liberalen hat zermürben lassen, sagte ich gleich: „Okay, okay, das akzeptiere ich ja auch alles" und dachte bei mir: „Aber wenn ich das schon alles bezahlen muss, dann möchte ich dafür wenigstens Vorschusslorbeer ernten." Und in diesem Moment erschien der Geist in der Gestalt von Uncle Sam. Ich hielt ihn zuerst für Gott, muss aber heute anerkennen, dass er vermutlich nur ein blasses Abbild meines Gewissens war, so schwach ausgeprägt dieses auch sein mag.

„Hör mal, Gott oder Uncle Sam oder wer immer Du bist", sagte ich. „Habe ich nicht gerade die Hälfte meines Einkommens den Armen gegeben und sollte ich dafür nicht im Himmel ein paar Pluspunkte verdient haben?"

„Vielleicht", sagte er, „aber im Grunde zählt das nicht, weil Du es ja nicht *freiwillig* getan hast. Als Gott über das Kamel und das Nadelöhr redete", fuhr er fort, „wollte er damit nicht auf das Finanzamt anspielen. Nein, von Großzügigkeit und Opferbereitschaft war die Rede."

„Also, da komme ich nicht mit", dachte ich. „Sam, du meinst, wenn ich zur

Zeit John D. Rockefellers gelebt hätte – als es keine Einkommensteuer gab – und wenn ich beschlossen hätte, die Hälfte meines Einkommens den Armen zu geben, dann hätte ich bessere Chancen, in den Himmel zu kommen, als heute? Ich hätte zwar noch genauso viel Geld, aber in punkto Edelmut käme ich besser weg, richtig? Wohlgemerkt, Sam: Es ist ja nicht so, dass ich gezwungen bin zu arbeiten. Jedes Mal, wenn ich die Stechuhr betätige, tue ich es *freiwillig* und die Hälfte, von dem, was ich verdiene, kommt den Armen zugute."

Sams geisterhafte Konturen schienen schwächer zu werden, was wohl eher ein Zeichen seiner Empörung war und nicht etwa, weil die Überzeugungskraft meiner Argumente ihm so sehr zugesetzt hätte. Aus Angst, diese Aprilerscheinung könnte für immer verschwinden und ich würde es statt ihrer mit einem Steuerberater von Deloitte & Touche zu tun zu bekommen, beschloss ich, reinen Tisch zu machen. „Na gut! In Wirklichkeit arbeite ich für *meine* Hälfte, die andere Hälfte ist so eine Art Abfallprodukt." Ich schrie fast. „Aber immerhin ist es doch ein nützliches Abfallprodukt, so eine Art Dünger, oder? Bist du eigentlich nie zufrieden?"

„Verschenk *alles*. Keine halben Sachen", sagte er trocken, wie eine Art himmlischer Quizmaster, der kein Problem damit hat, das Geld des Sponsors unter die Leute zu bringen. Aber jetzt wusste ich, dass er so gut wie geschlagen war und sein Kamel mitsamt der Nadel in biblische Zeiten gehörte und nicht ins 20. Jahrhundert. „Wenn ich alles verschenken würde", konterte ich sofort, „was würde dann von meinen privaten Investitionen übrigbleiben, von meinem Kapital, von den Arbeitsplätzen, die ich schaffe? Wenn ich alle meine Maiskolben hergäbe, was wäre dann noch übrig, um Mais zu pflanzen?"

Es war schon ziemlich spät und wir hatten einander während dieser geistigen Debatte praktisch zermürbt. „Ich habe den Herrn nie persönlich kennen gelernt", sagte Sam, „und deswegen weiß ich nicht, ob er seine Meinung geändert hat, was Steuern und Großzügigkeit im Zeitalter des Kapitalismus angeht. Lass es mich einmal so sagen: Zahl deine Steuern, gib den anderen mehr, als du für nötig hältst, und bete, dass Gott ein moderner Ökonom ist. Wenn er aber immer noch auf Kamelen reitet, würde ich mich an deiner Stelle lieber nach einer Nadel mit einem riesengroßen Öhr umsehen."

Gefangen im Schuldenturm

Ich habe die Nadel mit dem größten Öhr der Welt noch nicht gefunden, doch inzwischen möchte ich über ein Thema sprechen, das es ebenfalls in sich hat: Schulden. Mehr als 10 Prozent unserer Steuern dienen heute dazu, die Verschuldung unseres Landes in Form von Zinskosten im Bundeshaushalt zu unterstützen. Und wie Uncle Sam und wir alle wissen, verliert, wer Kredite aufnimmt, nur allzu leicht die Beherrschung! Die ersten kreditfinanzierten Käufe machen Spaß und wirken im Anfangsstadium berauschend wie Alkohol. Was man mit Kreditkarten alles kaufen kann! Wenn die Schulden allerdings fällig werden, setzt eine leichte Depression ein. Und wenn der Kaufrausch erst vorbei ist, kann die Erkenntnis, dass man einen zweiten Job braucht, um über die Runden zu kommen, stark ernüchternd wirken.

> ## GRUNDKURS VWL:
> # Die Gesamtverschuldung
>
> Viele Leute machen Schulden. Viele Zeitungsschlagzeilen implizieren, dass unsere Bundesregierung der größte Schuldner überhaupt ist, und das stimmt auch, wenn man sich Uncle Sam als Einheit vorstellt. Aber es gibt viele andere Kreditnehmer, darunter die Landesregierungen und Gemeindeverwaltungen, die Kommunalanleihen emittieren; Firmen, die sich am Anleihemarkt und bei Banken Kredite besorgen, und Privatpersonen, die ihre Kreditkarte beanspruchen und Hypotheken auf ihr Haus aufnehmen.
>
> Die Summe aller Beträge, die diese Schuldner zu zahlen haben, ergibt die so genannte Gesamtverschuldung der USA. Eigenkapital, das Nettovermögen von Firmen und der Wert von Aktien am freien Markt zählen selbstverständlich *nicht* dazu.

Wir Amerikaner werden von keiner anderen Nation übertroffen, wenn es um die Anzahl der Mitglieder von AS – den anonymen Schuldnern – geht. Wir stecken bis über beide Ohren in Schulden, nicht nur als Einzelne, sondern auch kollektiv. Nicht nur die Verschuldung der Verbraucher hat eine Rekordhöhe erreicht, sondern auch die der Bundes- und der Länderregierungen. Und während die Industrie anfängt, Ausgaben und Kredite einzuschränken, tragen viele Rettungsringe mit sich herum, die ein Zeichen dafür sind, dass sie zu viel essen und nicht genügend Gymnastik treiben. Abbildung 3-1 zeigt das gesamte Trauerspiel der wachsenden Verschuldung.

Natürlich haben nicht nur die Vereinigten Staaten gesündigt. Ein Großteil der Welt nimmt seit Jahrzehnten hemmungslos Kredite auf, wie die Schuldenentwicklung der Mitgliedsstaaten der Organisation für wirtschaftliche Zusammenarbeit und Entwicklung (OECD) seit 1970 erkennen lässt (siehe Abbildung 3-2). In Europa hielt der stufenweise Ausbau des Wohlfahrtsstaates die gesamten 70er- und 80er-Jahre hindurch an, selbst als offenbar wurde, dass die Gratisleistungen den Staat teuer zu stehen kamen. Erst seit kurzem wird es den Regierungen dank des wachsenden Einflusses der Freischärler des Kapitalmarkts (siehe Kapitel 4) schwerer, wenn nicht gar unmöglich gemacht, Geschenke für jedermann zu verteilen.

Auch Japans Verschuldung ist im Lauf der Jahre gestiegen, aber aus anderen Gründen: Japans hausgemachter Schuldenberg ist auf kreditfinanzierte Investitionen von Unternehmen und Privatpersonen in Immobilien und den Aktienmarkt zurückzuführen. Doch aus welchem Grund auch immer – die Industrienationen haben über ihre Verhältnisse gelebt und leiden an massivem Übergewicht. Richard Simmons, wo bist du, wenn man dich wirklich braucht?

Abbildung 3-1.
Die Gesamtverschuldung als Vielfaches vom BIP, 1900 – 1990

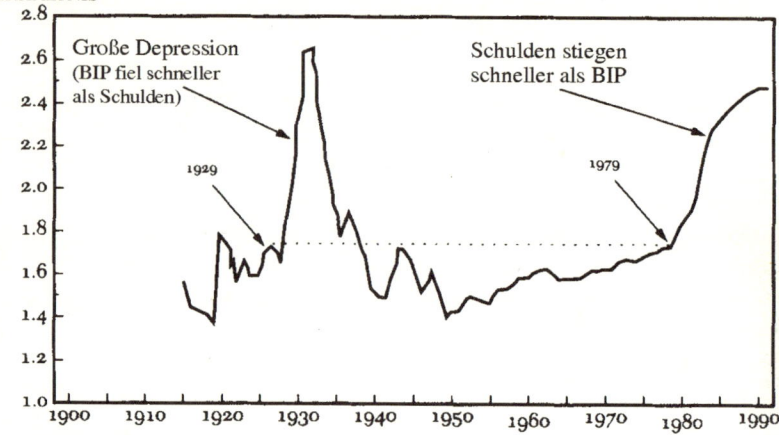

Große Depression (BIP fiel schneller als Schulden) 1929

Schulden stiegen schneller als BIP 1979

(Quelle: Bridgewater Associates)

Abbildung 3-2.
Die Zeitbombe tickt

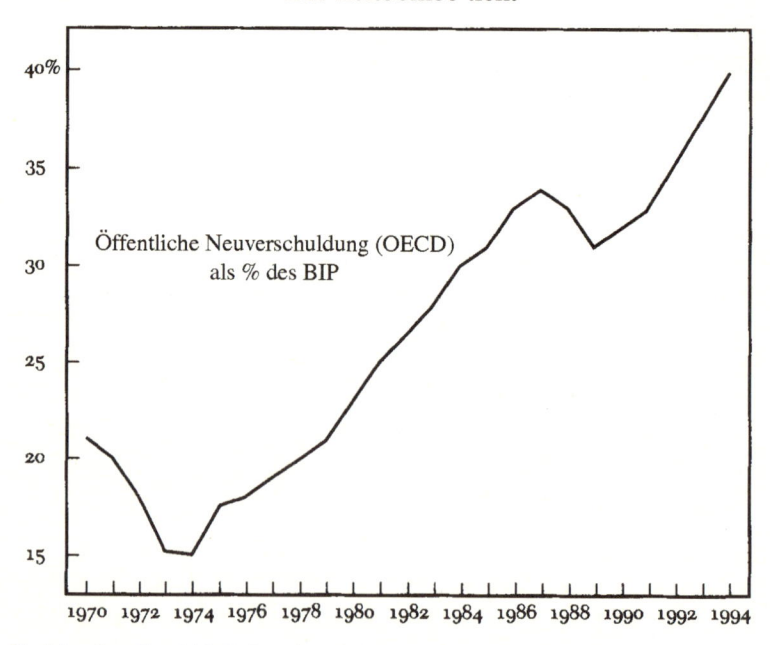

Öffentliche Neuverschuldung (OECD) als % des BIP

(Quelle: Maurice Obstfeld, University of California, Berkeley; OECD)

Es ist wichtig, die Verschuldung im Auge zu behalten, weil sich das Wirtschaftswachstum beschleunigt, wenn die Verschuldung zunimmt. Wenn das Schuldenwachstum begrenzt wird, steigen die Aussichten auf ein Butler-Creek-Szenario mit geringem Wirtschaftswachstum erheblich. Ein beträchtlicher Anteil aller Außenstände in den USA ist natürlich demographisch bedingt, zum Beispiel durch Hypotheken, die Zwanzig- bis Dreißigjährige aufnehmen, die zusammenleben und ein Eigenheim kaufen wollen. Dieser Anteil nimmt zur Zeit ab, wie wir in Kapitel 5. sehen werden. Für einen anderen Teil der Schulden ist die Regierung verantwortlich, die jeden möglichen Kredit aufnimmt, sofern sie grünes Licht dafür bekommt. Die Ampel steht jetzt jedoch auf Gelb, da die globalen Kapitalmärkte zu einer in vergangenen Jahrzehnten ungewohnten Disziplin zwingen. Darüber hinaus sind die Verbraucher im Allgemeinen nicht mehr in der Lage, neue Verpflichtungen einzugehen, weil ihre Löhne seit einiger Zeit stagnieren und sie höhere monatliche Zahlungen einfach nicht mehr verkraften könnten. Aus allen diesen Gründen wird sich die Verschuldungsrate wahrscheinlich verlangsamen und mit ihr das Wirtschaftswachstum der USA sowie der Welt im Allgemeinen.

Positive und negative Zyklen

Wie sich all das abspielt, wird leichter vorstellbar, wenn man weiß, wie ein positiver beziehungsweise negativer Zyklus funktioniert. Ersterer ist die ökonomische Entsprechung zu einer Welt voller guter Samariter: Eine gute Tat führt zur nächsten und so weiter – und irgendwann schließt sich der Kreis der guten Taten wieder.

Im Prinzip beginnt dieser Zyklus mit irgendeinem positiven Anstoß oder Impuls für die Wirtschaft. Versetzen wir uns einmal zurück in die Mitte der 70er-Jahre: Die während des Baby-Booms Geborenen sind Ende Zwanzig und wollen bald ihr erstes Haus kaufen. Die Zahl der Wohnneubauten steigt und damit der Bedarf an Bauholz, Zement, Isoliermaterial sowie an Arbeitskräften, die all das produzieren. Die Löhne steigen, die Unternehmensgewinne wachsen und der positive Zyklus hat begonnen. Die höheren Löhne erlauben es den Bauarbeitern, sich neue Autos zu kaufen, was wiederum einen Produktionsanstieg in Detroit und mehr Arbeitsplätze bei Ford und General Motors (und auch Toyota) zur Folge hat. Gleichzeitig führen die steigenden Unternehmensgewinne zu vermehrten Investitionen in Maschinen und Fabrikanlagen, was den Herstellern von Werkzeugmaschinen in Cincinnati Überstunden beschert. Und so geht es immer weiter; eine Veränderung zum Besseren ergibt die nächste und so weiter: ein positiver Wachstumszyklus (siehe Abbildung 3-3, nächste Seite).

Während die Beschäftigungs- und die Investitionsrate ansteigen, werden Verbraucher und Unternehmer, aber auch die Regierung immer aggressiver, was die Kreditaufnahme angeht. Ein Vollzeitarbeitsplatz mit Aussicht auf beträchtliche jährliche Gehaltserhöhungen kann eine Familie dazu veranlassen, über ihre Verhältnisse zu leben, um zu versuchen, den amerikanischen Traum für sich zu verwirklichen. Vorstandsvorsitzende sind bereit, mehr Kredite aufzunehmen, weil die Aktie ihres Unternehmens hoch im Kurs steht und steigt und die Unternehmensleitung äußerst zuversichtlich ist. Die Regierung kann mehr Kredit bekommen, weil die Wähler sich angesichts des wachsenden allgemeinen Wohlstandes wenig darum kümmern, ob die Staatsverschuldung steigt. Dieser positive Zyklus führt beinahe zwangsläufig zu einer Wirtschaftsexpansion, die wiederum dadurch beschleunigt wird, dass Privatpersonen, Unternehmen und die Regierung mehr Schulden machen. Letzten Endes sind die Folgen oft eine Arbeitsmarktlage, die an die Vollbeschäftigung grenzt, eine hohe Kapazitätsauslastung – und ein Anstieg der Inflationsrate.

Abbildung 3.3.
Ein positiver Wachstumszyklus

Für den Anleihemarkt ist ein positiver Wachstumszyklus jedoch wegen seiner Auswirkungen auf die Inflation alles andere als ein guter Samariter. Anleiheanleger sind die Vampire der Investmentwelt; sie lieben den Verfall und die Rezession – alles, was zu niedriger Inflation führt und den Realwert ihrer Anleihen schützt. Eine starke Wirtschaft dagegen, die durch steigende Verschuldung zusätzlich angeheizt wird, ist wie der Sonnenaufgang – Zeit für die Freischärler des Anleihemarkts, sich in ihre Särge zurückzuziehen, wo sie dann bleiben, bis es wieder Nacht wird. Ist die Inflationsrate hoch, werden Kredite mit Dollars zurückgezahlt, die weniger wert sind, und der Wert von Anleihen schwindet.

Die Vampire, die am Anleihemarkt ihr Unwesen treiben, warten auf einen negativen Zyklus – das genaue Gegenteil des positiven Zyklus, den ich soeben beschrieben habe. Der Unterschied zwischen beiden ist wie ... richtig, wie der zwischen Tag und Nacht. Wie beim positiven Zyklus steht auch beim negativen ein demographischer oder politischer Impuls am Anfang, der das ökonomische Getriebe in Bewegung setzt – nur in die entgegengesetzte Richtung. Ein negativer Zyklus kann auch einfach dann einsetzen, wenn der positive exzessive Ausmaße angenommen hat. Wenn der Verschuldungsgrad zum Beispiel so hoch wird, dass die Kreditanbieter nicht mehr ohne weiteres bereit sind, weitere Kredite zu vergeben, kommt der Zyklus zum Stillstand und kehrt sich schließlich um. Hausbesitzer, die eine zweite oder dritte Hypothek aufgenommen haben, um weiterhin angenehm leben zu können, stellen nun fest, dass ein Kredit keine Lösung mehr darstellt, weil der Wert ihres Hauses geschwunden ist und die Kreditinstitute keine Darlehen mehr bewilligen. Die Bundes- und die Länderregierungen, denen zu hohe Schulden und die zunehmende Kontrolle durch die Wähler und die Freischärler des Anleihemarktes das Leben schwer machen, sind gezwungen, ihren Haushalt auszugleichen oder zumindest Vorkehrungen in diesem Sinn zu treffen. Gleich, ob die Gründe nun demographischer oder politischer Art sind, die Konsumausgaben lassen nach, die Neuverschuldung verlangsamt sich und der negative Zyklus beginnt. Die Kapitalausgaben lassen nach, Stellen werden abgebaut und mit der Wirtschaft geht es allmählich oder sogar schlagartig abwärts. Für die Vampire des Anleihemarkts geht ein Traum in Erfüllung, denn mit langsamerem Wachstum gehen eine niedrigere Inflationsrate und höhere Anleihekurse einher.

Der Zyklus der Zukunft

Kommen wir einmal zurück auf das eingangs verwendete Bild von der berauschenden Wirkung von Krediten und dem Katereffekt, unter dem schließlich das Wirtschaftswachstum leidet. Befinden wir uns noch im Schwipsstadium, das heißt an irgendeinem Punkt eines positiven Zyklus, oder werden wir in Kürze zu Aspirintabletten greifen müssen, weil ein negativer Zyklus seinen Anfang nimmt? Das ist immer schwer zu sagen, selbst wenn man Trends aus einer *säkularen* Perspektive statt aus dem Blickwinkel der kürzerfristigen Konjunkturzyklen betrachtet. Kurzfristiges Wachstum oder eine Rezessionsphase tendieren dazu, einen säkularen Aufwärts- oder Abwärtstrend zu verschleiern, wenn sich die Konjunktur in einer Richtung bewegt, die der des längerfristigen Trends entgegengesetzt ist. Um sich von diesen oberflächlichen Interferenzen nicht irritieren zu lassen, muss man objektiv bleiben und sich auf die langfristige Perspektive konzentrieren. Doch die Zeichen sind mittlerweile relativ klar: der höchste Verschuldungsgrad aller Zeiten mit Ausnahme der Weltwirtschaftskrise; Unternehmen, die aufgrund der beschränkten Kaufkraft der Verbraucher und der Notwendigkeit, weltweit konkurrieren zu können, seit Jahren Stellen abbauen; negative demographische Tendenzen, die statt zum Konsum zum Sparen anregen; Zwanzig- bis Dreißigjährige, die einen geringeren Teil der Bevölkerung ausmachen und weniger Eigenheime kaufen als vorherige Generationen, und Firmen, die weniger Kredite aufnehmen, um ihre Bilanz auszugleichen. All dies deutet auf einen negativen Zyklus hin, der allerdings wegen der heutigen Geldmengenpolitik und des Umstands, dass die Zentralbanken heute in der Lage sind, Liquiditätsengpässe in der Wirtschaft zu beheben, moderat ausfallen dürfte. Betrachten Sie Abbildung 3-4.

Sie sehen eine Darstellung der Gesamtverschuldung wie die am Anfang dieses Kapitels; diesmal wird jedoch statt des Anteils der Verschuldung am BIP die Schuldenwachstumsrate angegeben. Damit erfasst die Abbildung einen weit kürzeren historischen Zeitraum. Es wird jedoch offenkundig, dass sich derzeit ein Wandel vollzieht und dass die Verschuldung nicht mehr so stark ansteigt wie früher. Beachten Sie, dass die Wirtschaft der USA während des gesamten Aufschwungs (seit 1990) keinen höheren Stand als 6 Prozent erzeugt hat, während in früheren Aufschwungsphasen ein Schuldenwachstum von 10 bis 15 Prozent die Norm war. Die Gründe dafür sind bereits hinreichend erläutert worden: zunächst eine zu hohe Verschuldung und in der Folge der Beginn eines gemäßigten negativen Zyklus irgendwann in den letzten fünf bis zehn Jahren.

Abbildung 3-4.
Die Gesamtverschuldung, 1955 – 1995

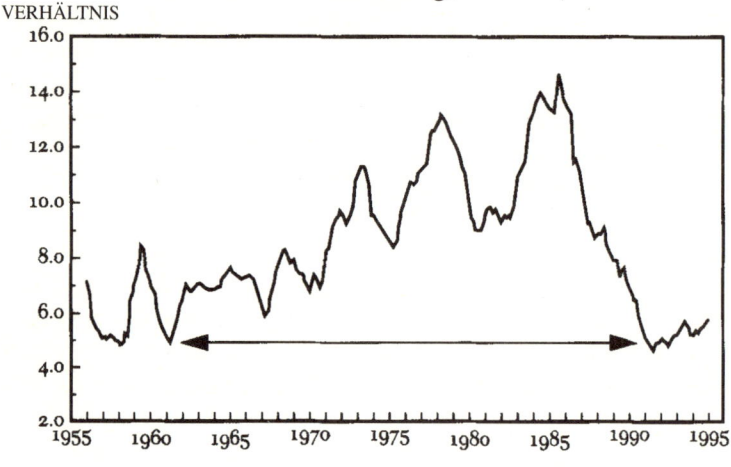

(Quelle: ISI Group)

Was das alles für Sie als Anleger bedeutet? Es bedeutet, dass alles für ein Butler-Creek-Szenario spricht. Es bedeutet niedrige Inflationsraten für den Rest des Jahrhunderts, wenig Wirtschaftswachstum und attraktive Gelegenheiten am Anleihemarkt. Und es bedeutet, dass die Blütezeit der Aktien bald zu Ende gehen wird. Eine zu hohe Verschuldungsrate bedeutet, dass wir uns von zweistelligen Renditen auf Aktienanlagen verabschieden müssen, und dass sowohl dem Anleihe- als auch dem Aktienmarkt eine Rückkehr zu den ruhigen Gewässern der 50er-Jahre bevorsteht, als ein Anleger mit 6 statt mit 20 Prozent Rendite zufrieden war.

4. Frohe Ostern!

Die Freischärler des Marktes und die Jagd nach Anlagegewinnen

Die diesjährige „Eierjagd" oder, besser gesagt, das traditionelle Ostereiersuchen in unserer Stadt, ist vorbei und ich habe traurige, wenn auch wenig überraschende Nachrichten: Wir haben das goldene Ei *nicht* gefunden. Wenn ich „wir" sage, dann mit vollem Schuldbewusstsein und nicht ohne Scham. Die Wahrheit ist, dass ich dieses goldene Symbol der Macht suche, seit ich ein Kind war, und ich dachte, wenn ich es nicht finden konnte, würden es meine *Kinder* tun. Ersatzbefriedigung kann man sich auf die verschiedenste Weise verschaffen, man muss nur wissen, wie. Ostereier stehen wohl bei den meisten Leuten ganz unten auf der Liste, aber was soll's, ich gebe mich gern mit ihnen ab, besonders, wenn es ein goldenes zu finden gibt.

Aus den Erfahrungen, die ich vor 15 Jahren mit unseren älteren Kindern, Jeff und Jennifer, machte, habe ich gelernt, dass man nichts weiter zu tun braucht als am Ostersonntag etwas früher aufzustehen, den Park oder den Golfplatz aufzusuchen und unauffällig über das mit Eiern bestückte Gelände zu schlendern und dabei so zu tun, als genösse man die Morgenluft, den Vogelgesang oder die Ankunft des Frühlings. Man kann seine Frau an die Hand nehmen oder ein paar Fotos von sich machen lassen, sollte dabei aber ständig überlegen, wo das goldene Ei *dieses* Mal versteckt sein könnte. Letztes Jahr fand es dieses freche kleine Mädchen mit seinen eingebildeten Eltern unter der großen Eiche zwischen ein paar Steinen, die zu offensichtlich verschoben worden waren. Dort werden sie es nicht noch einmal verstecken. Und nahe an der Startlinie brauchen Sie erst gar nicht zu suchen. Man würde nie riskieren, dass das Ei, gleich nachdem die Kinder auf die Piste gelassen werden, von einer donnernden Herde von Fünf- und Sechsjährigen zertrampelt wird. Nein, wahrscheinlich liegt es gleich hinter dem hohen Gras unter Blumen, die erst zertreten werden, wenn die kleinen Rabauken alle anderen Möglichkeiten ausgeschöpft haben. Da können wir – das heißt mein jüngster Sohn Nick und ich – sie eigentlich auch gleich niedertrampeln, bevor es jemand anderes tut.

Gut. Schritt eins: Sohn in vorderster Front postieren. Wie heißt es doch bei Immobilien: Auf die Lage kommt es an. Dasselbe trifft auf die Suche nach einem Ei zu, das nicht aus Dotter und Eiweiß, sondern aus Gold besteht: Wer nicht ganz vorne mitmischt, verliert. Peng! Endlich der Startschuss. Auf geht's, Nick! Vergiss die Schokoladeneier und die großen Geleebonbons. Ich kauf' dir nachher welche. Wir suchen ein großes *goldenes* Ei; das können wir beim Osterhasen abgeben und dann kriegen wir eine schöne Überraschung. Mein Gott, schau dir nur an, wie viele Eltern hier sind! Warum halten die sich nicht zurück und lassen ihre Kinder suchen? Und da ist dieser unausstehliche Bob Johnson – sucht unter *unseren* Blumen, als ob er sich auf einmal für die Natur interessieren würde. Weg da, wir waren zuerst hier. Und übrigens zertrittst du die Pflanzen.

Jemand hat das silberne Ei gefunden? Also, hier wird es jedes Jahr schlimmer. Dieses Mal sind schon doppelt so viele Kinder hier wie letztes Jahr. Nick, wir müssen uns jetzt ranhalten – wirf das Schokoladenei da weg, oder willst du deine Sachen schmutzig machen? Oh, hallo Bob! Dir auch frohe Ostern. Du hast wirklich einen reizenden Sohn. Jemand hat es gefunden? Unter der Brücke? Doch nicht schon wieder dieses freche kleine Mädchen – wahrscheinlich kennen ihre Eltern die Aufsicht. Ich kann es einfach nicht glauben! Die sind ihren Kindern vielleicht ein Vorbild! Also, wir suchen jetzt Mama und fahren heim. Und hör auf zu heulen. Sollen die Johnsons sehen, was du für ein Baby bist? Ich muss dir wohl noch beibringen, wie man mit Anstand verliert.

Auf zur Schatzsuche!

Goldene Eier gibt es auch anderswo auf der Welt und viele von ihnen sind in den letzten 15 Jahren auf den Finanzmärkten gefunden worden. Wer eine durchschnittliche Anleihe oder Aktie besaß, hatte schon das silberne Ei ergattert und mit Microsoft oder Intel nannte man zweifellos das goldene sein eigen. Es gibt heute Hunderttausende von Menschen, die nach den wertvollen Eiern suchen – so viele, dass sie eine eigene Bezeichnung verdient haben: Ich spreche gern von den „Freischärlern des Kapitalmarktes", was all jene einschließt, die am Anleihe-, Aktien- oder Devisenmarkt auf Eiersuche gehen. Das sind in erster Linie institutionelle Vermögensverwalter und Investmentfonds-Manager, die in den 90er-Jahren mächtig geworden sind – dank des ungeheuren Kapitals, das ihnen zur Verfügung steht, aber auch, weil der Begriff des Nationalstaats an Bedeutung verloren hat und sie selbst sich mit keinem Land identifizieren.

Zusammen bewegen sie Milliarden und Abermilliarden von Dollars von einer Kapitalanlage zur nächsten und von Land zu Land. Sie streben nach maximalem Gewinn bei minimalem Risiko und fühlen sich keinem Staat verpflichtet. Ihre Entscheidungen erzeugen am Markt hohe Volatilität, zwingen aber auch Regierungen und Zentralbanken nach ihrer Pfeife zu tanzen und eine disziplinierte Finanzpolitik zu betreiben. Die Aufpasserrolle, die sie spielen, indem sie eine nach ihrem Dafürhalten vernünftige Wirtschaftspolitik und Gesetzgebung diktieren, ist entscheidend für meine Prognose eines Butler-Creek-Szenarios für Aktien und Anleihen. Ohne sie bestünde in Zukunft die Gefahr einer Rückkehr zu höherer Inflation, was die Aktien- und Anleihekurse schneller schwinden lassen würde, als man „Osterhase" sagen kann.

Das war jedoch nicht immer so. Das Aufkommen der Freischärler ist auf die Globalisierung des Handels und auf den damit einhergehenden Bedeutungsverlust des Nationalstaates zurückzuführen. In den 60er- und 70er-Jahren, ja sogar noch in den 80ern, war es weit schwieriger, Geld in ein anderes Land oder von einem Kontinent zum anderen zu transferieren. Die Investmentfonds steckten noch in den Kinderschuhen und es war technisch noch nicht möglich, schnell große Summen zu bewegen. Darüber hinaus gab es Hemmnisse in Form von Zöllen, Steuern und verschiedensten Gebühren. Am wichtigsten jedoch ist vielleicht, dass die nationale Identität eine große Rolle spielte. Anleger erwogen nicht ernsthaft, im Ausland zu investieren, genau wie die meisten Amerikaner nicht daran dachten, einen Toyota statt eines Fords zu kaufen. Das war eine Frage des Zugehörigkeitsgefühls und des Stolzes. Man kaufte amerikanische Produkte, weil Amerika an erster Stelle kam und weil man dazu beitrug, Arbeitsplätze zu schaffen – vielleicht sogar den eigenen. Nach und nach änderten die Menschen jedoch ihre Einstellung. Manche Kalifornier kauften Toyotas und stellten fest, dass die Autos preisgünstig und hochwertig waren. Das sprach sich herum und allmählich fingen die amerikanischen Bürger und Anleger an, viele ausländische Produkte und sogar ausländische Aktien und Anleihen ernst zu nehmen.

GRUNDKURS VWL:
Der globale Kapitalmarkt

Globale Kapitalmärkte gibt es, seit Karawanen und Schiffe ungehindert zwischen verschiedenen Punkten verkehren konnten. Vor einigen hundert Jahren stellte Gold die Grundlage eines rudimentären Kapitalmarktsystems dar, das als Merkantilismus bezeichnet wird; dagegen versuchen Anleger heutzutage nicht nur Gold, sondern auch Vermögenswerte wie Aktien, Anleihen und Immobilien in beinahe jedem Land der Welt zu sammeln.

Das heutige globale Investment scheint auf den ersten Blick ein einfacher Vorgang zu sein, zu dem ein Anruf beim nächsten Maklerbüro gehört, doch in Wirklichkeit wird es erst durch ein kompliziertes Netz von Abkommen zwischen verschiedenen Ländern ermöglicht, das den grenzüberschreitenden Transfer von Vermögenswerten eines Eigentümers erlaubt. In manchen Fällen werden Steuern auf Dividenden und Zinszahlungen, die Ausländern zugute kommen, in deren Heimatland erhoben und manchmal kann Kapital, das in ein bestimmtes Land transferiert wurde, erst nach einer gewissen Zeit wieder abgezogen werden. Im Großen und Ganzen aber bewegt sich Geld heute dank zunehmend liberaler Gesetze und der modernen Computertechnologie mit Lichtgeschwindigkeit rund um die Welt, ähnlich wie Fernsehsignale, die man über Satellit empfängt.

Erinnern wir uns an die Präsidentschaft John F. Kennedys, um uns diesen Wandel zu vergegenwärtigen. Ich war zwar kein Freund von Kennedy, aber dass er ein Mensch voller Tatendrang war und ein Talent für einprägsame Formulierungen hatte, steht außer Zweifel. Kaum ein Ausspruch hat so viele Menschen inspiriert wie der Satz: „Frage nicht, was dein Land für dich tun kann, sondern frage dich, was du für dein Land tun kannst." Er war nicht nur für Kennedys Präsidentschaft, sondern für das gesamte Jahrzehnt repräsentativ, bis der Widerstand gegen den Vietnamkrieg und die Generation der freien Liebe patriotische Denkweisen zugunsten eher hedonistischer in den Hintergrund treten ließen. Kein Mitglied der Babyboom-Generation wird je die Stimme mit dem Bostoner Akzent vergessen, die an einem Januarmorgen im Jahr 1961 diese Worte aussprach. Die Gültigkeit des Satzes in Frage zu stellen bedeutet auch heute noch eine besondere Art von Ketzerei, selbst in den 90er-Jahren, in denen „was du für dein Land tun kannst" nicht mehr an den Wehrdienst oder das Friedenskorps denken lässt, sondern an soziologisch relevantere Themen wie Aids, Obdachlosigkeit und Umweltschutz. Kennedys Herausforderung hat die Zeiten überdauert wie das ewige Licht auf seinem Grab, wenn sich auch die Schwerpunkte verlagert haben.

Es ist jedoch ein Wandel eingetreten, den vielleicht sogar Kennedy, wenn er heute noch am Leben wäre, anerkennen müsste. Lassen Sie es mich geradeheraus sagen: Was heißt hier eigentlich mein *Land*? Im Zeitalter der globalen Kommunikation, der homogenen weltweiten Produktion und der (oftmals illegalen) Masseneinwanderung ist immer weniger klar, wozu wir gehören und wem wir zu Loyalität verpflichtet sind. Ja, ich bin Amerikaner, aber zufällig ein Amerikaner, der in einem großen undefinierbaren Gebiet im Südwesten Nordamerikas lebt, das man „Calexico" nennen könnte. Viele Radio- und Fernsehprogramme, die ich empfangen kann, senden auf spanisch, manche auf japanisch. Mindestens 25 Prozent der Waren, die ich kaufe, sind importiert – und ich wette, bei Ihnen ist das nicht anders. Ich mache mir ebenso ernste Gedanken über Bosnien wie über die Innenstadt von Los Angeles, und letzten Endes muss ich mich – und natürlich auch Sie – fragen, was daran eigentlich auszusetzen sein soll. Warum sollen wir nur fragen, was wir für unser *Land* tun können? Warum sollen wir amerikanische Produkte kaufen oder Amerika an die erste Stelle setzen, wenn in Amerika so vieles im Fluss ist, dass wir nicht einmal mehr sicher sind, was Amerika überhaupt ist? Wer sind *wir*? Es wird jedes Jahr deutlicher, dass wir im Grunde nicht das amerikanische Volk sind, sondern ein Konglomerat von balkanisierten Volksgruppen. Wir sind kein Schmelztiegel mehr, sondern ein zusammengewürfelter Haufen.

Der Bedeutungsverlust des Nationalstaates

Man könnte behaupten, dass der Begriff des Nationalstaates, wie wir ihn seit Jahrhunderten kennen, derzeit rasch aus unserer Realität verschwindet. Es gab bekanntlich eine Zeit, in der keine Nationalstaaten existierten, wie wir sie heute definieren würden. Im Spätmittelalter gab es das Heilige Römische Reich, dem gegenüber der größte Teil Europas zu Loyalität verpflichtet war, aber in den Augen vieler war ein Herrscher über eine „Nation" nicht legitimiert, wenn er nicht vom Papst bestätigt worden war. Luthers und Calvins Reformation und Gutenbergs Druckerpresse trugen dazu bei, das zu ändern. Gutenberg, der sich vom Lateinischen, der Sprache, die ganz Europa gemein war, abwandte und sein Land über die Kirche und das amorphe Reich des Mittelalters stellte, erklärte, er werde ein Buch in deutscher Sprache herausgeben. Im Lauf der nächsten Jahrhunderte entstanden das heutige Deutschland und Dutzende andere Einzelstaaten.

Heutzutage vollzieht sich der Vorgang in umgekehrter Richtung, teilweise aufgrund wirtschaftlicher Gegebenheiten. Der globalisierte Markt erstreckt sich heute über den politischen Einflussbereich einer einzelnen Nation hinaus und selbst die Regierungen sind im Zweifel darüber, für wessen Interessen sie eintreten sollen. Die Vereinigten Staaten würden gern Honda- und Mercedeswerke in Tennessee und Alabama ansiedeln, um zur Schaffung neuer Arbeitsplätze beizutragen, unterstützen aber gleichzeitig Chrysler und Ford bei deren Versuchen, auf dem japanischen Markt Fuß zu fassen. Das wirtschaftliche Leben ist heute zunehmend internationalisiert und infolgedessen zerbricht die Beziehung zwischen dem einzelnen Staat und seinen Bürgern. Wenn unsere Regierung nichts gegen Honda hat, warum sollte es dann bei uns selbst anders sein? Warum sollten sich eigentlich die Bürger der Welt nicht leichter mit der Wirtschaftspolitik einer ausländischen Regierung oder der Kultur oder Religion einer anderen Region anfreunden können, warum nicht ihre Vorlieben durch Investitionen oder durch Emigration zum Ausdruck bringen? In einer relativ schwierigen Zeit, in der die Globalisierung gleichzeitig vermehrt Gelegenheiten zur Auswanderung erzeugt, beschleunigt sich die Internationalisierung. In früheren Kriegszeiten hieß die Verweigerung von Loyalität dem Heimatland gegenüber „Landesverrat", und in Friedenszeiten nannte man sie „unpatriotisch"; aber im 21. Jahrhundert könnte sie bezeichnend für eine neue Ära werden, in der der Nationalstaat in den Hintergrund tritt gegenüber der Globalisierung und Massenwanderungen eines Maßstabs, wie ihn die Welt selten erlebt hat.

Die Macht der Freischärler

Der Übergang von Nationalstaaten zu einer globalen Wirtschaft war im vergangenen Jahrzehnt von einer nie da gewesenen Ballung von Anlagevermögen begleitet. In Verbindung mit der Computertechnologie, die Geld auf elektronischem Weg schneller bewegt, als man „Verkaufen" sagen kann, hat diese Ballung eine Generation von internationalen Investment- und Hedgefondsmanagern sowie Aktien-, Anleihe- und Devisenhändlern hervorgebracht, die ich kollektiv als „Freischärler" bezeichne.

Der Ausdruck klingt vielleicht ein wenig so, als würden sich Fondsmanager zu einem Trupp oder einem maroden Haufen zusammenrotten und sich hier und da ein Opfer aussuchen, um es gefangen zu nehmen – oder womöglich umzubringen. Natürlich ist es nicht so. Was das Anlageverhalten derer angeht, die den neuen Weltmarkt ihr Revier nennen, gibt es vielleicht eine Art Gruppenmentalität – aber keinesfalls einen koordinierten Entscheidungsprozess. Ich kenne wenige andere Teilnehmer am Anleihemarkt und weiß kaum darüber Bescheid, wie sie die Märkte zu einem gegebenen Zeitpunkt sehen. Wenn es so wirkt, als ob sie an einem Strang zögen, ist das zweifellos eine Täuschung. Am Finanzmarkt herrscht *nie* Einstimmigkeit. Genau das erlaubt ja die gleichzeitige Ausführung von Kauf- und Verkaufsaufträgen – jemand möchte etwas kaufen, was ein anderer gerade verkaufen will. Wenn aber Kauf- oder Verkaufsdruck in irgendeiner Form entsteht, ist er die Folge von Adams Smiths „unsichtbarer Hand": Tausende von unabhängigen Vermögensverwaltern reagieren unabhängig voneinander auf Wirtschaftsdaten, wenn auch bisweilen auf recht ähnliche Art und Weise.

Die Freischärler sind gewöhnlich auf eine Kombination aus hohen Gewinnen und niedrigem Risiko aus. Natürlich ist so etwas der Traum eines jeden Vermögensverwalters und lässt sich fast nie erreichen, aber der Gewinn sollte eben so hoch wie möglich sein und das Risiko so niedrig wie möglich. Diese Kombination lässt sich am besten verwirklichen, indem man in Länder investiert, die die folgenden Merkmale besitzen: 1) eine Wirtschaftspolitik, die ein hohes reales Wachstum des BIP fördert, 2) eine stabile politische Lage, 3) eine kompetente und disziplinierte Zentralbank, 4) eine wettbewerbsfähige Währung ohne potenzielle Schwachstellen, 5) einen niedrigen Verschuldungsgrad und 6) ein Rechtssystem, in dem der Schutz des Eigentumsrechts des Einzelnen groß geschrieben wird. Ein Land mit allen diesen Merkmalen zu finden ist extrem schwierig. Ob Sie es glauben oder nicht – das einzige Land, das heute die meisten Bedingungen erfüllt, sind die Vereinigten Staaten! Ich werde allerdings zeigen, dass in den USA zwar das Risiko relativ niedrig ist, dass aber Renditen von 6 bis 8 Prozent nicht rekordverdächtig, ja nicht einmal ungewöhnlich hoch sind, weswegen auch andere Länder, die ein etwas größeres Risiko bergen und ein höheres Renditepotenzial aufweisen, einen Teil des Kapitals der Investmentwelt anziehen werden.

Die Freischärler werden Geld zwischen den USA und Deutschland, zwischen Deutschland und Japan oder zwischen Japan und Thailand hin und her bewegen, um die ihrer Meinung nach beste derzeit mögliche Kombination aus Risiko und Gewinn zu finden, und sie werden dadurch Regierungen und deren Zentralbanken zu Disziplin zwingen. Dieser Effekt hat in letzter Zeit stark an Bedeutung gewonnen und oft relativ große Anstrengungen nötig gemacht. Mexiko lieferte Ende 1994 das vielleicht deutlichste Beispiel. Als das Handelsdefizit des Landes überhand nahm und klar wurde, dass der Peso beträchtlich überbewertet war, zogen internationale Investoren binnen weniger Tage Milliarden Dollar ab, und das Land wurde in die Knie gezwungen. Mexiko war nicht nur genötigt, seine Währung um 50 Prozent abzuwerten, sondern musste auch strenge Bedingungen in Bezug auf das Geldmengenwachstum und zukünftige Defizite akzeptieren, weswegen die Bevölkerung eine Art Depression zu spüren bekam. Wer glaubt, dass Bob Rubin und das US-Finanzministerium das Geschehen diktierten, sollte sich im Klaren darüber sein, dass Rubin seinerseits auf das reagierte, was er hinter den Kulissen von den Freischärlern des Kapitalmarktes zu hören bekam. Man kann sagen, dass so vor allem der Wall Street geholfen wurde – aber andererseits hätte Mexiko ohne die vom US-Finanzministerium angebotenen Darlehen und Bürgschaften nie Kapitalspritzen aus dem privaten Sektor bekommen können. Die Freischärler bestimmten, was gespielt wurde.

Auf ähnliche Weise zeugen aufsehenerregende Finanzkonflikte rund um den Globus – in den letzten Jahren beispielsweise in Argentinien, Frankreich, Italien und Spanien – von der Macht der Freischärler. Noch wichtiger als die Disziplin, die sie auf direkte Weise erzwingen, ist vielleicht ihr entsprechender indirekter Einfluss: Um Kapital anzuziehen und auf dem heutigen Weltmarkt konkurrenzfähig zu sein, muss jedes Land ein attraktives Paket anbieten, das mögliche Investoren anlockt. Heute befinden sich die Länder im Wettstreit um die Gunst der Freischärler. Mancher fragt sich vielleicht, warum sich so viele Regierungen plötzlich wieder einen ausgeglichenen Staatshaushalt und eine disziplinierte Finanzpolitik auf die Fahnen schreiben – die US-Regierung eingeschlossen. Könnte es daran liegen, dass Newt Gingrich einfach intelligenter ist als seine Vorgänger Tipp O'Neill und Tom Foley? Wohl kaum. Als er zusammen mit anderen republikanischen Kongressabgeordneten gewählt wurde, um die Politik der Regierung im Sinn einer freien Marktwirtschaft zu beeinflussen, und als Präsident Clinton die Stimmungslage erkannte und seiner Politik eine eindeutig konservativere Ausrichtung gab, näherten sie alle sich – wenn die Wähler vielleicht auch nichts davon ahnten – der Denkweise der Freischärler des Kapitalmarkts an, um die Wirtschaft der USA zu stärken und ihre eigenen Arbeitsplätze bis zum Anfang des 21. Jahrhunderts zu sichern.

GRUNDKURS VWL:
Finanz- und Geldmengenpolitik

Regierungen haben heute viele Funktionen, aber zwei der wichtigsten sind die Erstellung eines Haushalts und die Kontrolle der Geldmenge. Der Begriff *Finanzpolitik* bezieht sich auf den Haushalt einer Regierung und darauf, ob sie mit einem Überschuss oder einem Defizit operiert. Wenn man sagt, dass eine Regierung eine gesunde Finanzpolitik betreibt, bedeutet das, dass ihr Haushalt beinahe ausgeglichen ist oder dass sie zumindest einen großen Schritt in diese Richtung getan hat.

Der Begriff *Geldmengenpolitik* bezieht sich auf die Entscheidungen einer Zentralbank, die die in Umlauf befindliche Geldmenge und die Bankreserven beeinflussen. Eine „Politik des leichten Geldes" ist im Allgemeinen verbunden mit einem schnellen Anstieg der Geldmenge und der Reserven, die diese unterlegen. Spricht man von „knappem Geld", meint man ein langsames Wachstum der Geldmenge und die hohen Realzinssätze, die mit einer derartigen Politik gewöhnlich einhergehen.

Überall auf der Welt sind die Zentralbanken ähnlichen Zwängen ausgesetzt. Wenn eine Politik des knappen Geldes und hoher Realzinsen nicht gegeben ist, wenden die Freischärler oft eine Art Belagerungstaktik an, indem sie Währungen verkaufen und diese damit in ihrem Wert mindern. Wenige Monate nach einem solchen Angriff beginnt die Inflationsrate im Inland zu steigen, was die Attraktivität des örtlichen Anleihe- und Aktienmarktes einschränkt und damit auch die Möglichkeiten des betreffenden Landes, neues Kapital anzuziehen. Diese Angriffe setzen einen negativen Zyklus in Gang, bei dem eine als unsolide empfundene monetäre Politik zu einer relativ schwachen Konjunktur und letztlich zur Stagnation führt. Da Politiker unter solchen Bedingungen geringere Chancen haben wiedergewählt zu werden, unterstützen sie meist ein rigoroses Vorgehen der Zentralbank, anders als in vergangenen Jahrzehnten, in denen sie eine entsprechende Politik massiver Kritik und politischen Angriffen ausgesetzt hätte.

Diese konservativen Tendenzen hin zu einer Disziplin in der Finanz- und Geldmengenpolitik sind natürlich der Traum eines jeden Besitzers von Anleihen und Aktien, da durch sie der Trend zu niedrigerer Inflation verstärkt wird. Meine Prognose einer Inflationsrate von 2 Prozent im Jahrhundertmittel beruht zu einem nicht geringen Teil darauf, dass die Freischärler in der Lage sind, das Ergebnis zu beeinflussen. All das hat jedoch auch gewisse Nachteile. Die Freischärler marschieren schnell – und wenn sie beschließen, weiterzuziehen, sind sehr bald nur noch ihre Spuren zu sehen. Da sie sich so schnell und oft in geschlossenen Gruppen fortbewegen, sind alle Märkte insgesamt volatiler geworden, was nicht nur den Anlegern schlaflose Nächte bereitet, sondern auch eine finanzielle Katastrophe für diejenigen zur Folge hat, die sich weigern, den Ernst der Lage zu erkennen. Der finanzielle Kollaps des kalifornischen Bezirks Orange County Anfang 1995 war das vielleicht eindrucksvollste Beispiel. Als sich die Freischärler 1994 Hals über Kopf aus dem US-amerikanischen Anleihemarkt zurückzogen, weil sie ein stärkeres Wirtschaftswachstum und eine höhere Inflationsrate befürchteten, zwangen sie diesen hochverschuldeten Bezirk Kaliforniens (ich wohne mitten drin) dazu, den Bankrott zu erklären. Später fanden Journalisten heraus, dass der Schatzmeister des Bezirks, Robert Citron, massiv in hochriskante komplexe Wertpapierderivate investiert hatte, die für das Konto einer Kommunalverwaltung wahrscheinlich ungeeignet waren. Die Ironie bei alledem ist, dass Orange County neun Monate später so wohlhabend gewesen wäre wie vorher. Fast zeitgleich mit der Bankrotterklärung änderten die Freischärler ihre Marschroute und eröffneten so einen eindrucksvollen Bärenmarkt mit deutlich höheren Kursen und niedrigeren Zinsen, mit dessen Hilfe Orange County mit seinem Portefeuille noch im selben Jahr wieder glänzend dagestanden hätte.

Strategische Zusammenhänge

Der Einfluss der Freischärler und die erhöhte Volatilität, die sie mit sich bringen, haben zwei strategisch bedeutsame Auswirkungen: Erstens hat diese Volatilität wirtschaftliche Grenzen, wie in Kapitel 9. dieses Buches beschrieben wird. Die Freischärler des Kapitalmarkts können die Märkte schnell in eine bestimmte Richtung lenken, aber sie können nicht immer so weit gehen, wie sie möchten. Wenn die Zinsen zu hoch werden, dann wird dadurch die Wirtschaft eines Landes oder der Welt gebremst. Sinken sie zu tief, nimmt die Inflation überhand. Als Anleger benötigt man eine fundierte Vorstellung davon, wie hoch beziehungsweise tief die Zinsen sein müssen, damit die Freischärler in ihrem Überschwang gebremst werden. Ich glaube, dass die Grenzwerte für langfristige US-Schatzpapiere 7 beziehungsweise 5 Prozent betragen. Lassen Sie sich durch volatile Bewegungen innerhalb dieser Spanne nicht irritieren. *Wenn sich der Zinssatz aber der 7-Prozent-Marke nähert, sollten Sie darin eine Kaufgelegenheit sehen; wenn er auf 5 Prozent fällt, sollten Sie ans Verkaufen denken.* Alle Zwischenstände sind auf normale Schwankungen des Konjunkturzyklus zurückzuführen sowie auf die Einwirkung der Freischärler selbst.

DER SCHLAUE ANLEGER:

Markttiming

Es gibt wenige Themen im Bereich Investment, die umstrittener sind als Markttiming. Als der Finanzfachmann J. Pierpont Morgan einmal gefragt wurde, wie sich der Aktienmarkt verhalten werde, antwortete er: „Er wird schwanken", und das gibt die Resignation der meisten Anleger recht gut wieder. Die Vorstellung, die Bewegungen des Marktes zeitgenau vorhersagen zu können, um so immer bei niedrigen Kursen zu kaufen und bei hohen zu verkaufen, ist mit den Wunschträumen eines Ponce de León vergleichbar.

Die Schwierigkeit hat meiner Meinung nach mit dem Zeitrahmen eines Anlegers zu tun und nicht unbedingt mit seiner Intelligenz oder seinem Fleiß. Sobald man versucht, den Markt *kurzfristig* vorauszuberechnen, werden Wahrnehmung und Verstand durch menschliche Emotionen getrübt. Außerdem sind Wirtschafts- und Unternehmensstatistiken, die nur einen kurzen Zeitraum erfassen, manchmal kaum zu interpretieren, was die Erkennung von einheitlichen Markttrends mit klaren Kauf- oder Verkaufssignalen erschwert. Trotzdem muss ein Anleger versuchen, den richtigen Zeitpunkt für seine Investition zu finden. Alles hat seine Zeit, wie schon in der Bibel steht. Wer es richtig machen will, muss jedoch eine *längerfristige* Perspektive einnehmen. Verwenden Sie Ihre geistige Energie darauf, was in den nächsten drei bis fünf Jahren passieren wird - und nicht in den nächsten drei bis fünf Wochen oder Monaten. Auf lange Sicht können sich echte, aussagekräftige Trends abzeichnen, die objektiv beobachtet werden können. Ihre Erfolgsaussichten werden enorm steigen!

Eine zweite Feststellung ergibt sich daraus, dass heute professionelle Marktteilnehmer im Zusammenhang mit den Aktivitäten der Freischärler versuchen, den Konjunkturzyklus zeitlich vorauszuberechnen: In den letzten Jahren ist ein antizipatorisches Marktverhalten immer häufiger geworden. Das Wort Frühstart beschreibt es wahrscheinlich anschaulicher. Jeder Freischärler versucht für sich alleine, den anderen zuvorzukommen. In der Vergangenheit zahlte es sich aus, auf die statistische Bestätigung einer beginnenden Rezession oder eines Aufschwungs zu warten; heutzutage dagegen haben die Märkte ihre Bewegungen schon größtenteils vollzogen, bevor die Rezession oder der Aufschwung einsetzt. Im September 1995 zum Beispiel hatten die langfristigen US-Schatzpapiere 1½ Prozent von ihrem Höchststand beziehungsweise 150 Basispunkte eingebüßt, und das einzig und allein aufgrund einer Verlangsamung des Wachstums. Der vorhergehende Bärenmarkt des Jahres 1994 war ebenfalls übertrieben ausgefallen, zum Teil auch, weil die Freischärler gern „Es brennt!" rufen

---

GRUNDKURS VWL:
Der Konjunkturzyklus

Wenn Volkswirtschaften gleichmäßig und kontinuierlich wachsen würden, müssten wir nicht über den Konjunkturzyklus sprechen. Seit Jahrhunderten nehmen jedoch wirtschaftliche Aktivitäten auf merkwürdig sprunghafte Weise zu, wobei Phasen überdurchschnittlicher Expansion, die *Aufschwünge* heißen, anderen (normalerweise kürzeren) Phasen des Rückgangs gegenüberstehen, den so genannten *Rezessionen*. Dieses regelmäßige, wellenartige Auf und Ab nennt man den *Konjunkturzyklus*.

Darüber hinaus haben die Wirtschaftswissenschaftler noch andere Arten von Zyklen entdeckt. Beim gewöhnlichen Konjunkturzyklus, von dem in der Finanzpresse die Rede ist, liegen zwischen einem Höhepunkt und dem nächsten meist drei bis fünf Jahre, aber längerfristige Zyklen wie zum Beispiel die Kondratieff-Welle, die theoretisch durch in regelmäßigen Abständen auftretende technische Neuerungen hervorgerufen wird, können 50 Jahre dauern.

Alle diese Zyklen sind für Anleger wichtig, da sie die Zinssätze, die Unternehmensgewinne und die Kurse der Wertpapiere selbst beeinflussen. Ist man in der Lage, zu bestimmen, an welchem Punkt sich der Konjunkturzyklus gerade befindet, kann man zum Beispiel Ein- und Ausstiegspunkte für längerfristige Markttiming-Aktivitäten festlegen.

Wodurch diese Zyklen verursacht werden? Es gibt Hunderte von rationalen Erklärungen, die von der Geldmengen- und Finanzpolitik bis hin zu unterschiedlich starkem Tatendrang seitens der Anlegerschaft reichen.

---

und vor dem Kollegen auf dem nächsten Platz zum Notausgang rennen. Exaktes Timing des Aktien- und Anleihemarktes, das auf der Analyse des Konjunkturzyklus beruht, muss wohl in der Zukunft um den Freischärlereffekt bereinigt werden. Kurzfristiges Markttiming ist immer ein schwieriges Vorhaben, aber wer sich darauf einlässt, muss sich der Macht der Freischärler bewusst sein und früher in den Markt einsteigen oder aus ihm aussteigen als in früheren Konjunkturzyklen.

Es sind viele Suchtrupps unterwegs und es gibt nur wenige goldene Eier zu finden. Während eines Bullenmarktes ist es leicht, als Genie dazustehen, doch das Butler-Creek-Szenario wird eine säkulare Perspektive erfordern, die auch den Freischärlern Rechnung trägt. Die Freischärler werden dazu beitragen, das nominelle Wachstum zu verlangsamen und die Inflation niedrig zu halten, aber die Märkte werden sich ihretwegen stärker auf und ab bewegen. Viel Glück beim Suchen!

5. Die Plankton-Theorie

Babyboom, Pillenknick und die Zukunft des Wachstums

Als ich 22 war, ging ich zur Marine und bekam es mit einem Ausbilder zu tun, der sich als ein übler Hund herausstellte, auf dessen Bekanntschaft ich gerne hätte verzichten können. Er hieß Sergeant Cruz, aber der einzige Titel, den er akzeptierte, war „Sir" – und den wollte er mit mindestens 110 Dezibel von einem Jungen mit Fistelstimme hören, der sich erst seit kurzem rasierte. Ich hatte nicht das Zeug zu einem Soldaten und Sergeant Cruz wusste das. So wie ein Löwe instinktiv das schwächste Gnu aus einer Herde auswählt, hatte er mich seit jenem schicksalhaften Moment im Oktober 1966 auf dem Kieker, in dem ich die Kaserne von Pensacola betrat. Nach zehn Minuten hatte ich mein Kopfhaar eingebüßt, nach weiteren zehn Minuten war mein Körper gänzlich schutzlos und bei Sonnenuntergang war mein Selbstwertgefühl völlig zerstört. Ich wollte Jetpilot im Vietnamkrieg werden, aber der Sergeant witterte beinahe instinktiv, dass es mir an Einsatzbereitschaft mangelte. „Na, wo haben Sie denn Ihre LIEBESPERLEN?" brüllte er mich an. Ich fand heraus, dass er die Antwort „In San Francisco, SIR!" akzeptierte. „Dann bewegen Sie besser Ihren verdammten ... hier weg und machen sich auf den Heimweg, oder?" „Nein, SIR" quäkte ich.

Ach ja, Sergeant Cruz. Alle hassten ihn. Er verkörperte das System, in das wir uns in der kurzen Zeit von zwölf Wochen hineinzufinden hatten. Danach, so hofften wir, würden wir Offiziere sein und statt der Latrine das Cockpit von innen kennen lernen. Doch da stand uns noch Sergeant Cruz stand im Weg – mir ganz besonders, wie es den Anschein hatte. Ich konnte nichts richtig machen. Ich blieb bis drei Uhr morgens wach und suchte den mikroskopisch kleinen Rostfleck an meinem Gewehr, den er bei der Inspektion immer zu finden schien. Ich kam nie zum Schlafen, denn um Laken und Decke am Fußende so sauber unter die Matratze zu stecken, wie er es verlangte, brauchte ich über eine Stunde, und es blieb einfach keine Zeit mehr. Auch wenn ich nie die Hand des Sergeants zu spüren bekam, schmerzte mein geschundener Körper die ganze Zeit von den zahllosen Märschen, Liegestützen, Klimmzügen, Hindernisläufen und all dem anderen, das man immer in Filmen sieht und für eine bloße Hollywood-Fiktion hält. Ich kann Ihnen versichern, dass diese ganzen Geschichten wahr sind. „Sie werden nie einen Jet fliegen, Gross!" schrie der Sergeant. „Zu Ihnen passt höchstens ein ZEPPELIN." Er sollte Recht behalten, aber da die Marine in Vietnam keine Luftschiffe einsetzte, verschlug es mich schließlich auf einen Zerstörer im Südpazifik. Sergeant Cruz aber werde ich nie vergessen. Meine zwölf Wochen mit ihm waren drei Monate in der Hölle, doch für mich der erste große Schritt auf dem Weg zum Erwachsenwerden.

Bei der Zeremonie, während der die jungen Offiziere ihre Patente erhielten, war es üblich, dass jeder, der soeben zum Rang eines Ensigns aufgestiegen war, eine Dollarnote signierte und seinem Ausbilder übergab, in der Hoffnung, dass dieser sich an ihn erinnern würde, wenn er eines Tages zu Ruhm gelangte. Damals war es mir nicht bewusst – aber heute weiß ich, dass Sergeant Cruz die Geldscheine hätte signieren sollen. Er wird Bill Gross und Tausende andere Luftschiffpiloten vergessen haben; uns aber wird Marine Sergeant Alfredo Cruz für den Rest unseres Lebens im Gedächtnis bleiben und ihm gilt unser größter Respekt.

Die Plankton-Theorie

Sergeant Cruz glaubte an das Überleben des Stärkeren. Fast instinktiv sonderte er die Schwächlinge aus, damit nur die Stärksten als Jetpiloten im Dienst der Marine überlebten. Auf dem Finanzmarkt zu überleben ist genauso schwierig. Wenn Sie im Cockpit einschlafen, während Sie Ihr Portefeuille durch Turbulenzen steuern, kann es sein, dass Sie eine finanzielle Bruchlandung erleben. Sie müssen also wachsam sein – selbst wenn Sie Ihren Bestand an Vermögenswerten einem Investmentfondsmanager wie mir anvertrauen. Zumindest müssen Sie noch entscheiden, ob Sie in Aktien, Anleihen oder Geldmarkttitel investieren wollen. Dabei ist es nützlich, wenn man ein bisschen mehr von der Wissenschaft der Demographie versteht. Um Ihnen dabei zu helfen, werde ich nun einen eigenen Ansatz vorstellen, den ich die „Plankton-Theorie" nenne.

Die Plankton-Theorie beginnt wie das Leben selbst im Ozean. Plankton sind bekanntlich die fast mikroskopisch kleinen Organismen, die den höher entwickelten Wasserlebewesen als Nahrung dienen. Ohne Plankton könnten die meisten Fische und Säugetiere im Meer nicht überleben, da die meisten Arten sich ihrerseits von Fisch ernähren und Plankton den Grundbaustein des gesamten Prozesses darstellt. Will man also vorhersagen, welche Lebensbedingungen Moby Dick, der weiße Hai oder sogar der weiße Hai II vorfinden werden, erscheint es daher logisch, dass der derzeitige Bestand an Plankton und die Bestandsprognose zu den Faktoren gehören, die man berücksichtigen sollte. Das ist, kurz gesagt, die Plankton-Theorie.

Was das alles mit der Investmentwelt zu tun hat? Sehr viel. Nehmen wir zum Beispiel den Immobilienbereich und dort speziell Einfamilienhäuser. Wir wissen alle, wie rapide in den USA zwischen 1975 und 1985 die Preise für Einfamilienhäuser eskalierten. Für die meisten Amerikaner war ihr Eigenheim die beste Investition, die sie in ihrem ganzen Leben tätigten, in vielen Fällen sogar die einzige. Einige gingen soweit, in mehrere Häuser zu investieren und in Erwartung des enormen Kapitalgewinns, den sie wenige Jahre später machen würden, ihren Cash-flow mit „negativem Vortrag" zu belasten. Mit anderen Worten: Nachdem sie ein zweites oder drittes Haus gekauft und vermietet hatten, reichten ihre Mieteinnahmen nicht aus, um die Zinszahlungen zu decken. Dennoch stieg der Wiederverkaufswert ihrer Objekte fast ein Jahrzehnt lang an, was den ganzen Plan langfristig profitabel werden ließ. Dann kehrte sich der Trend um:

In den letzten zehn Jahren sind Immobilien nur geringfügig oder gar nicht im Wert gestiegen. Wie ist das zu erklären?

Eine Erklärung könnte die Plankton-Theorie liefern. Im Fall von Immobilien bestünde das Plankton aus erstmaligen Käufern wie zum Beispiel jungen Ehepaaren, die sich ein eigenes Zuhause wünschen, aber sehr wenig Kapital haben, um den Wunsch zu verwirklichen. Wenn solche Paare scheitern, zum Beispiel weil sie nicht in der Lage sind, eine Anzahlung zu leisten, oder weil sie ihr Hypothekendarlehen nicht monatlich bedienen können, verschwindet das Plankton und die Eskalation der Preise für Einfamilienhäuser wird gebremst. Denn sofern der derzeitige Hausbesitzer nicht jemanden hat, dem er sein Haus verkaufen kann, wird er sich kein Haus mit schönerer Aussicht oder einem zusätzlichen Schlafzimmer leisten können. Dieser Vorgang setzt sich bis hin zu den kostspieligeren Gegenden wie Beverly Hills und Shaker Heights fort. Letztlich verkümmert der gesamte Markt infolge des Mangels an Investitionen und die Preise für Einfamilienhäuser steigen nicht mehr so schnell. Untersuchen Sie also, um den Gesundheitszustand des Marktes für Einfamilienhäuser zu beurteilen, zuerst das Plankton – also die Menschen, die jeweils das untere Ende der wirtschaftlichen Nahrungskette bilden. Solange sie fehlen oder es ihnen finanziell nicht gut geht, wird der Immobilienmarkt nicht so bald wieder nach oben tendieren.

Die Folgen des Baby-Booms

Die Märkte bestehen zwar aus Millionen und Abermillionen von Menschen, die ebenso viele voneinander unabhängige Entscheidungen treffen, wenn man diese Menschen aber im Ganzen betrachtet, sind sie mit den Mitteln jenes quantitativen Zweigs der Soziologie zu erfassen, den man „Demographie" nennt. Die Demographie untersucht Bevölkerungsveränderungen. Demographische Statistiken sagen aus, wie viele Menschen in einem bestimmten Jahr geboren wurden und wie viele in einem bestimmten Jahr in der Zukunft wahrscheinlich sterben werden. Unter anderem geben sie oft sehr genauen und verlässlichen Aufschluss darüber, wie die Bevölkerung heute aussieht und wie sie in 20 Jahren wahrscheinlich aussehen wird. Sieht man von Naturkatastrophen und Kriegen ab, sind die wohl einzigen Variablen, die darauf einen starken Einfluss haben können, die Geburts- und Zuwanderungsraten der Zukunft, und diese tendieren dazu, über einen kurzen Zeitraum relativ konstant zu bleiben.

Ich sage oft, wenn ich die nächsten Jahre von der Außenwelt abgeschnitten auf einer Südseeinsel verbringen müsste, dann wären die demographischen Gegebenheiten das einzige, was ich wissen müsste, um vor meiner Abreise mein Portefeuille zu strukturieren. Wenn Plankton eine große, homogene Masse bildet, kann es die Märkte beeinflussen – und ich spreche hier nicht nur vom Markt für Einfamilienhäuser. Langfristige Kurstrends – sowohl von Aktien als auch von Anleihen werden von den demographischen Verhältnissen *bestimmt*, und um diese Trends vorherzusagen, würde ich zuallererst die Demographie berücksichtigen, ob ich mich nun auf einer Insel befinde oder nicht.

DER SCHLAUE ANLEGER:
Fundamental- kontra technische Analyse

Es gibt zwei Methoden, die Vermögensverwalter benutzen, um Marktprognosen zu stellen – und in der Regel sind diese Methoden so unvereinbar wie Öl und Wasser. Ich rede von der *Fundamentalanalyse* und der *technischen Analyse*.

Bei der Fundamentalanalyse werden Faktoren wie die Bilanzen und Erfolgsrechnungen von Firmen dazu verwendet, zukünftige Kursbewegungen von Aktien oder Anleihen vorherzusagen. Wenn Fundamentalanalysten (zu denen die überwältigende Mehrheit der Vermögensverwalter an der Wall Street gehört) die Aussichten für bestimmte Aktien oder Industrieanleihen beurteilen wollen, berücksichtigen sie außerdem vergangene und zu erwartende Absatz- und Ertragszahlen sowie die Güte der Unternehmensführung. Demographische Faktoren wären für einen Fundamentalisten insofern relevant, als sie die Konjunktur oder den Erfolg von Unternehmen berühren.

Technische Analysten sind die Medizinmänner unserer Branche. Sie sind überzeugt, die Zukunft vorhersagen zu können, indem sie Kursmuster und Umsatzschwankungen deuten. Ihrer Meinung nach sind ihre historischen Aktiencharts ein Abbild der Natur des Menschen. Sie glauben, dass es wiederkehrende Muster gibt, die von Gier oder Angst oder auch nur vom Bemühen zeugen, auf Plus-Minus-Null zu kommen, und dass gewisse Aktienchartmuster einem Anleger als Kauf- oder Verkaufssignale dienen können. Wenn Sie dachten, „Head & Shoulders" sei nur ein Shampoo, dann müssen Sie sich etwas intensiver mit der technischen Analyse auseinandersetzen. (Für einen technischen Analysten bedeutet dies eine Schulter/Kopf/Schulter-Formation – eine Aktienkursbewegung mit drei Höhepunkten, die angeblich Aufschluss über zukünftige Kursbewegungen gibt.) Was ich davon halte? Nun, ich gebe zu, das Ganze hat was, aber ich benutze schon seit Jahren Prell-Shampoo!

Im vergangenen halben Jahrhundert ist aufgrund der so genannten „Babyboom-Generation" mehr Bewegung in die Demographie der Vereinigten Staaten gekommen. Diese zwischen 1945 und den frühen 60er-Jahren geborenen Kinder von Veteranen des Zweiten Weltkriegs reflektieren nicht nur das instinktive Bedürfnis unserer Gesellschaft ihre Kriegsopfer zu ersetzen, sondern auch den Wohlstand nach dem Krieg, der Familiengründungen und -erweiterungen möglich machte. Der an zweiter Stelle genannte Umstand ist wichtig; in Europa und Japan gibt es keine Babyboom-Generation wie bei uns – vor allem, weil sich die Bevölkerung dieser Länder infolge der Wirtschaftsschäden nicht so viele Kinder leisten konnte wie die der USA.

Die Babyboom-Generation hat einfach deswegen für mehr Dynamik gesorgt, weil sie so viele Mitglieder zählt. Alle zusammen bilden einen immensen Schwarm – und wenn dieser seine Richtung ändert, sollte man als Anleger genau aufpassen, denn hier geht es um *jede Menge* Plankton. Sehen wir uns den Babyboom in Abbildung 5-1 an.

Abbildung 5-1.
Anzahl der Lebendgeburten (in Millionen), 1909 – 1993

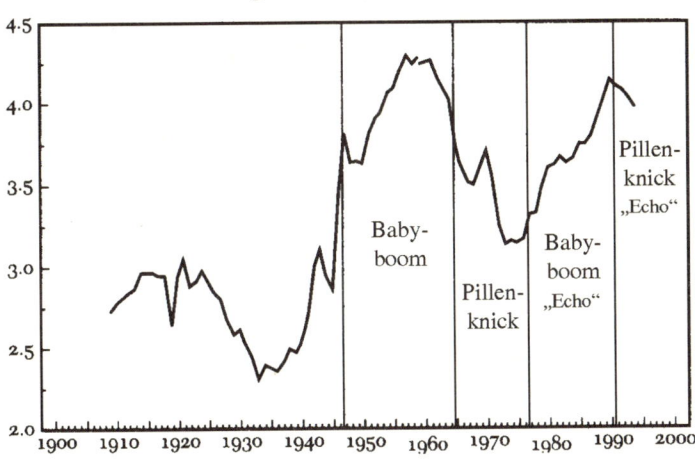

(Quellen: National Center for Health Statistics; DLJ Demographics)

Das Diagramm zeigt den enormen Geburtenanstieg, der zwischen 1946 und den frühen 60er-Jahren stattfand, und den nachfolgenden „Pillenknick" in den 70ern. Dieses Muster ist der Grund dafür, dass es 1996 eine Babyboom-Generation (die heute Vierzig- bis Fünfzigjährigen) und eine Pillenknick-Generation (die heute Zwanzig- bis Dreißigjährigen) gibt. Erstere sind allein aufgrund ihrer Zahl so wichtig, nicht nur für die Wirtschaft, sondern auch für die Anlagemärkte. In den 70er- und 80er-Jahren ließen sich viele Trends darauf zurückführen, dass die Mitglieder der Babyboom-Generation erwachsen wurden und anfingen, in großem Umfang Kredite aufzunehmen und Geld auszugeben. Wenn Sie dachten, dass allein Jimmy Carter für die zweistelligen Inflationsraten verantwortlich gewesen sei, dann überlegen Sie noch einmal. Wenn Sie dachten, die OPEC und die astronomisch hohen Ölpreise seien ein rein geopolitisches Phänomen gewesen, überlegen Sie noch einmal. Wenn Sie dachten, der Immobilienboom und das nachfolgende Debakel der Bausparkassen sei nur eine typische Erscheinung des „Jahrzehnts der Gier", überlegen Sie noch einmal. Alle diese Phänomene stehen in einer logischen Verbindung zur Babyboom-Generation und zu der Tatsache, dass Amerikaner, die Mitte Zwanzig waren, begannen, große Mengen Geld auszugeben. Betrachten wir ein weiteres demographisches Diagramm (Abb. 5-2).

Abbildung 5-2.

Veränderung der durchschnittlichen Konsumentenausgaben pro Jahr in verschiedenen Lebensphasen (in Dollars)

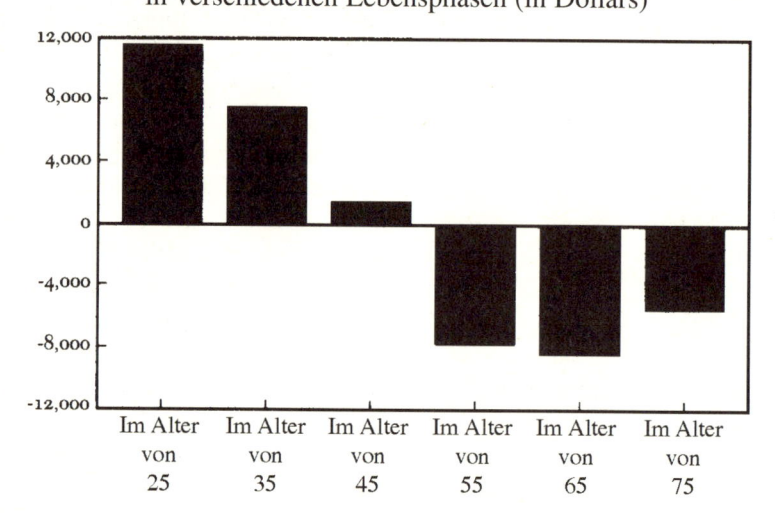

(Quellen: 1990 Consumer Expenditure Survey; DLJ Demographics)

Jeder Balken in dieser Abbildung steht für den Anstieg (oder die Verringerung) der Ausgaben eines durchschnittlichen Verbrauchers in verschiedenen Jahrzehnten seines Lebens. Der Balken für das 25. Lebensjahr repräsentiert zum Beispiel diejenigen Menschen, die den Mittelwert der Gruppe der Zwanzig- bis Dreißigjährigen bilden. Das Diagramm zeigt, dass in den USA die Ausgaben zwanzig- bis vierzigjähriger Verbraucher bei weitem am höchsten sind: Als Zwanzig- bis Dreißigjährige geben die Verbraucher jährlich 12.000 Dollar mehr aus als im Teenageralter und mit 35 Jahren 8.000 Dollar mehr als mit 20 bis 30 Jahren. Die Ausgaben derer, die älter als 50 sind, sind dagegen wieder geringer (und die Ersparnisse umfangreicher). Die wichtige Aussage der letzten beiden Abbildungen ist jedoch, dass die Mitglieder der Babyboom-Generation während des von 1970 bis 1985 dauernden 15-Jahres-Zeitraums 20 bis 30 Jahre alt waren, und dass ihre Ausgaben in vielen Wirtschaftsbereichen für einen Boom sorgten. Als sie Ende Zwanzig waren und ihr erstes Haus kauften, schnellte die Zahl der Wohnneubauten in den USA auf mehr als zwei Millionen pro Jahr. Der Wunsch dieser Verbraucher nach einem Eigenheim ließ die Preise für Einfamilienhäuser um 20 bis 30 Prozent jährlich steigen. Damit nicht genug: Sie kauften Möbel, Haushaltsgeräte und Fernseher – und fast alles auf Kredit. Sie waren wie ein Heuschreckenschwarm, der in die Ebenen von Kansas einfällt. In einem Jahr war die Inflation niedrig und es gab billige Häuser zu kaufen; fünf Jahre später betrug die Inflationsrate 13 Prozent und die Preise für die meisten Einfamilienhäuser waren sechsstellig. Dieses Phänomen hatte weder etwas mit Jimmy Carter noch mit den Republikanern oder Demokraten zu tun. Es gab einfach zahllose Mitglieder der Babyboom-Generation, die ein eigenes Zuhause wollten.

Die Konsumwelle lässt nach

Sehen wir uns jetzt die nachfolgende Pillenknick-Generation an. In diesem Fall wurden die Kinder zwischen 1965 und 1975 geboren, nach dem vorhergehenden Boom. Die Demographie sagt uns, dass sie weit weniger zahlreich waren – im Durchschnitt ungefähr eine Million pro Jahr weniger. Wenn wir die Geburtenzahlen vorwärts projizieren, stellen wir fest, dass die Mitglieder der Pillenknick-Generation in den 90er-Jahren in ihre konsumfreudigste Lebensphase eintreten. Hoppla! Ist es angesichts der Schwäche dieser Geburtenjahrgänge verwunderlich, dass die Zahl der Wohnneubauten von 2 Millionen auf 1,3 Millionen pro Jahr gesunken ist, dass die Preise für Einfamilienhäuser stagniert haben oder sogar (besonders in Kalifornien) gesunken sind und dass die Inflation auf dem niedrigsten Stand ist, seit – nun, seit die Kinder der Babyboom-Generation erwachsen wurden? Sehen Sie, warum das Plankton so wichtig ist, und warum ich zuerst die demographischen Gegebenheiten kennen will, bevor ich eine Anlageentscheidung fälle?

Betrachten wir die weiteren Auswirkungen dieses Phänomens. Nehmen wir an, Sie und ich würden für zwei oder drei Jahre auf eine Südseeinsel ziehen – jeder auf seine eigene (wir kommunizieren per Flaschenpost). Es liegt auf der Hand, dass sich bis zum Anfang des 21. Jahrhunderts nicht viel ändern wird. Die Konsumparade wird weiterhin von der Pillenknick-Generation angeführt werden und um den Konsum und den Markt für Einfamilienhäuser wird es nicht gut bestellt sein, weil die Generation so wenige Mitglieder zählt. Da der Wohnungsmarkt und der Konsum von Gütern und Dienstleistungen zusammen 70 Prozent oder mehr des BIP der USA ausmachen, wird sich sehr wahrscheinlich kein starkes Wirtschaftswachstum erzeugen lassen. All das deutet auf relativ niedrige Inflation und attraktive Anleiherenditen hin und lässt erwarten, dass das Potenzial des Aktienmarktes akzeptabel, aber nicht exzellent sein wird.

Einer der Gründe, warum ich glaube, dass der Aktienmarkt in einer Phase langsamen Wirtschaftswachstums vielleicht trotz allem ganz ordentlich abschneiden wird, hat wiederum mit der Babyboom-Generation zu tun. Deren Mitglieder befinden sich jetzt in der Lebensphase, in der sie am meisten sparen – und das bedeutet heutzutage Anlage in Investmentfonds statt Bankeinlagen mit 4 Prozent Zinsen. Wenn die Babyboom-Generation ihr Geld nun in Investmentfonds anlegt, werden Aktienfonds zumindest eine Zeit lang populär sein und am Aktienmarkt wird sich Kaufkraft ballen – Plankton in Hülle und Fülle. Ich würde den Aktienmarkt auch angesichts einer mäßigen Konjunktur nicht abschreiben. Trotzdem: Mehr als 8 Prozent Rendite sind nicht zu erwarten. Es gibt nicht genug Plankton, das Güter kauft, und letzten Endes sind es die mehr oder weniger vorteilhaften Absatz- und Ertragszahlen von Unternehmen, die die Aktienkurse beeinflussen, und nicht Spargeldströme. Wenn sich das Wachstum der Unternehmensgewinne verlangsamt, werden die Sparer, die der Babyboom-Generation angehören, wahrscheinlich eher verstärkt Anleihen kaufen oder einen größeren Teil ihrer Ersparnisse in attraktivere Märkte im Ausland investieren.

Die weltweite Verlangsamung

Ein letztes demographisches Detail: Wir leben im Zeitalter der globalen Wirtschaft und Sie fragen sich vielleicht, ob das Beschriebene auch auf andere wichtige Wirtschaftsmächte zutrifft. Ich habe bereits erwähnt, dass in Japan und Europa nach dem Zweiten Weltkrieg nicht so viele Kinder pro Einwohner geboren wurden wie in den Vereinigten Staaten. Man konnte sie sich schlichtweg nicht leisten. Infolgedessen erlebten die Einwohner dieser Länder weder den Wohnungsmarktboom noch dramatische Inflationsraten, wie wir sie in den 70er- und 80er-Jahren hatten. Das Interessante ist aber, dass der Pillenknick, wie Abb. 5-3 zeigt, in diesen Ländern genauso krass ausfiel wie in den USA.

Abbildung 5-3.
Bevölkerungsveränderungen in den Industriestaaten nach Altersgruppen, 1991 – 2000 (in Millionen Einwohnern)

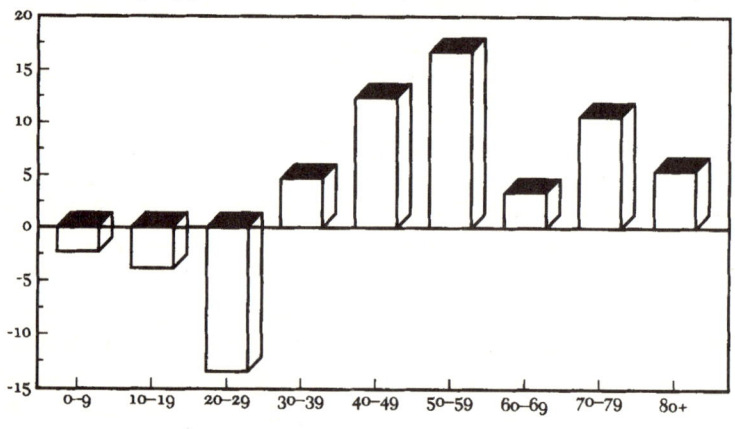

(Quelle: DLJ Demographics)

Die Industrienationen haben in den 90ern damit zu kämpfen, dass sich unter ihren Einwohnern insgesamt 15 Millionen Menschen weniger im konsumfreudigsten Alter befinden als in den 80ern. Von diesem Rückgang um 15 Millionen entfallen 5 Millionen auf die USA und 10 Millionen auf Japan und Europa. In der Tat haben sowohl Japan als auch Europa eine wesentlich ältere Bevölkerungsbasis als die Vereinigten Staaten, was bedeutet, dass in Japan und Europa mehr gespart und weniger konsumiert wird. Die demographischen Voraussetzungen der Industrienationen sind also – was die Aussicht auf Wirtschaftswachstum angeht – alles andere als gut. Ohne die Schwellenländer, deren Bevölkerung sehr *jung* ist, wäre es um die gesamte Weltwirtschaft äußerst schlecht bestellt.

Erwarten Sie von den Handelspartnern der USA in Japan und Europa keine positiven Impulse, was demographisch bedingte Kaufkraft angeht. Eher werden diese Länder noch dazu beitragen, das Wirtschaftswachstum und die Inflation während des Rests des Jahrhunderts niedrig zu halten.

6. Einstein'sche Ökonomie

Der säkulare Trend zu niedrigeren Löhnen

„Geist der Zukunft!", rief Scrooge. „Ich fürchte dich mehr als die Geister, die ich schon gesehen habe."
— Charles Dickens, *Ein Weihnachtslied*

Unter den Büchern, die zum Nachdenken anregen, ist *Ein Weihnachtslied* von Charles Dickens eines meiner liebsten. Die Geschichte ist ohne Zweifel von globaler Bedeutung und spricht Christen, Juden und Moslems gleichermaßen an. Sie spielt zwar an Weihnachten, handelt aber nicht von Weihnachten. Sie ist im Grunde eine Parabel von der Erneuerung des menschlichen Geistes und lehrt uns, dass jeder – selbst ein Ebenezer Scrooge – ein anderer Mensch werden kann. Scrooge, dem der „Geist der zukünftigen Weihnacht" erscheint, bekommt seinen eigenen Leichnam gezeigt: „Er lag in dem düsteren leeren Haus, und kein Mann, kein Weib, kein Kind war da, um zu sagen: ‚Er war gütig gegen mich in dem und in jenem [...]'." Wir müssen einander lieben oder ungeliebt sterben – so lautet Dickens' Appell – und durch Scrooge entdecken wir dieses Potenzial für uns selbst und für die ganze Menschheit aufs Neue.

Während der gesamten Geschichte lässt Dickens Geister auftreten, denen Ebenezer Scrooge überzeugt ist, wirklich gegenüberzustehen; er glaubt nicht an einen Traum. Es ist jedoch der dritte Geist, der Scrooge am meisten Angst macht und ihn dazu bringt, sich zu bessern. Dieses „tief verhüllte Gespenst" ist für Scrooge und für uns alle das Gesicht des unentrinnbaren Todes, und nachdem Scrooge ihm schreckerfüllt gegenübergetreten ist, rettet er schließlich den Rest seines Lebens.

Eine brillante Lektion, wie ich finde. Da wir nicht genau wissen, wann wir sterben werden, sehen wir das Leben als ein grenzenloses Kontinuum an; nur selten werden wir an unsere Sterblichkeit erinnert, und dann verdrängen wir den Gedanken daran schnell. „Krankenhäuser und Beerdigungen sind nur etwas für andere Menschen", flüstert uns unser Unterbewusstsein ein, und wie benehmen uns, als ob das wahr wäre. Wir versäumen es, an Blumen zu riechen, so manchen Pfad einzuschlagen und Menschen zu umarmen, die uns am Herzen liegen. Welches Glück Scrooge doch hatte, seinem dritten Geist noch zu Lebzeiten zu begegnen.

Doch dem Tod geradewegs ins Auge zu sehen ist vermutlich ein gefährliches Unterfangen. Wie der Blick in die grelle Mittagssonne, so kann auch dieser Anblick die Wunder des Lebens vertreiben, statt sie zu vermehren, wenn nämlich das Gespenst zur Bessenheit wird, statt als Warnung zu dienen. Der Schrecken einer Geisterstunde reichte, um Scrooge dazu zu bringen, sein Leben umzukrempeln. Die meisten von uns Sterblichen brauchen vielleicht mehr. Das Leben ist voller Tragödien, und ein paar flüchtige, aber eindrucksvolle Augenblicke können uns helfen, dem Ebenezer Scrooge am Weihnachtstag ähnlicher zu werden als dem Ebenezer Scrooge am Heiligen Abend. Obwohl ich mit meinen 52 Jahren nicht annähernd so verletzlich bin, wie ich es mit 82 hoffentlich sein werde, stelle ich jetzt bereits fest, dass es hilft, wenn ich mir vorstelle, wie die Welle meines Lebens dem Strand immer näher kommt, und mir vergegenwärtige, dass sie eines Tages anbranden, in sich zusammenfallen und von der Welt vergessen werden wird. Ich sehe, wie die Gischt schnell im porösen Sand versickert, aber das Wasser selbst fließt zurück und wird wieder Teil jener größeren, scheinbar unendlichen Masse, die es hinter sich gelassen hat. In diesen Momenten wird mir bewusst, dass Sie und ich nicht einzelne Wellen sind, sondern Teil eines Ozeans. Wir streben alle demselben Strand entgegen, vergessen aber meist, dass uns das Menschsein verbindet. Das war die Erkenntnis, die Scrooge dem Geist der zukünftigen Weihnacht verdankte. Möge Gott uns allen helfen, dasselbe Licht zu sehen.

Nach Karl Marx ist Geschichte angewandte Ökonomie. Marx glaubte, wenn man in der Lage wäre, die Dynamik eines Wirtschaftssystems zu verändern, könnte man die Geschichte selbst verändern. Marx' Jünger – Lenin, Stalin, Mao Tse Tung – bewiesen während eines Großteils des 20. Jahrhunderts die Gültigkeit dieser Aussage – aber der Wandel, den der Kapitalismus seit seinem Ursprung im 17. Jahrhundert bewirkt hat, ist noch dramatischer gewesen. Die Industrielle Revolution trug zum Beispiel zur Verwirklichung der Demokratie bei: Zum fast vollständigen Verschwinden der Agrargesellschaft, zur Entstehung von modernen Städten, zum Feminismus und wohl auch zum langsamen Verfall der Religion und der traditionellen moralischen Werte in der westlichen Gesellschaft. Wenn Ihnen das etwas vage oder weit hergeholt vorkommt, denken Sie einmal darüber nach, was alles während Ihres eigenen Lebens passiert ist. Seit etwa 1970 hat in den USA ein Rückgang der Produktivität – verursacht durch niedrige Sparquoten, excessive Verteidigungsausgaben und Ausbau des modernen Sozialstaates – die Reallöhne sinken lassen und damit Frauen gezwungen, sich an einen Arbeitsplatz außer Haus zu begeben. Die Abkehr vom Modell der Kernfamilie ist eine von vielen Folgen, und der soziale Zerfall der USA seit dieser Zeit ist zum Teil darauf zurückzuführen, dass Sand ins Getriebe der Wirtschaft geraten ist.

Trotz allem kann nicht die gesamte geschichtliche und gesellschaftliche Entwicklung der Menschheit als Produkt der Ökonomie betrachtet werden (die man ja auch die Wissenschaft der Trübseligkeit nennt). Auch andere Faktoren, zu denen auch bestimmte Wissenschaftler und wissenschaftliche Theorien zählen, haben ihren Teil beigesteuert. Charles Darwin zum Beispiel stellte die alttestamentarische Schöpfungsgeschichte auf den Kopf und leistete in den Augen vieler dem moralischen Relativismus Vorschub. Einstein und Freud bewirkten Ähnliches, als sie feststellten, dass die Gesetze des Lebens wie auch die der Natur nicht immer so sind, wie sie auf den ersten Blick scheinen. Jahrhundertealte physikalische Theorien wurden durch Einsteins Begriff der Relativität ersetzt und man konnte nicht mehr mit der gleichen Sicherheit vorhersagen, dass Newtons Apfel zu Boden fallen würde. Für Einstein war auch das Gegenteil denkbar: dass sich die Erde auf den Apfel zu bewegt. Diese wissenschaftlichen Fortschritte waren nicht nur wegen der wirtschaftlichen Entwicklungen, die sie ermöglichten (wie zum Beispiel der Atomenergie) so wichtig, sondern auch wegen ihrer indirekten Wirkung auf Werte und Denkweisen der Gesellschaft. Zum Beispiel erklärt Paul Johnson in seinem einflussreichen Buch *Modern Times* den Aufstieg Hitlers und Stalins zum Teil damit, dass die „relativistische" Sicht der Wissenschaft nach und nach der gesamten Gesellschaft aufoktroyiert worden sei und ihre Verhaltensmuster geprägt habe. Auf ähnliche Weise sind die Theorien der modernen Physik, die das zufallsgesteuerte Verhalten von subatomischen Teilchen beschreiben, und die Tendenz der heutigen Genforschung, viele psychischen und physischen Krankheiten auf Vererbung statt auf Umwelteinflüsse zurückzuführen, möglicherweise mit für das Schwinden des Verantwortungsgefühls des Einzelnen verantwortlich, ebenso wie für das langsame, aber stetige Fortschreiten des kulturellen Verfalls, das viele in den westlichen Ländern beobachten.

Sowohl die Neigung der heutigen Gesellschaft zur Egozentrik als auch die daraus resultierenden Probleme – wie Kriminalität, uneheliche und verwahrloste Kinder – werden unter Umständen durch die Verbreitung gewisser wissenschaftlicher Theorien noch verschlimmert. Wenn Charles Murray mit *The Bell Curve* richtig liegt und Unterschiede in der Höhe des Intelligenzquotienten hauptsächlich genetische Ursachen haben, schwächt dies dann die Motivation des Einzelnen, selbst Verantwortung für sein Leben zu übernehmen? Wenn menschliche Gefühle chemisch bedingt sind – wenn unsere emotionale Verfassung an einem bestimmten Tag ein bloßes Produkt verschiedener Hormone ist, die Signale an unser Hirn senden –, warum sollen wir dann noch versuchen, unsere Gefühle und Reaktionen bewusst zu beherrschen? Können wir das überhaupt? Sie mögen das alles für an den Haaren herbeigezogen halten, da diejenigen Menschen, die Verbrechen begehen oder ihre Familie im Stich lassen, wenig von solchen wissenschaftlichen Theorien wissen – aber die Werte, die diese Theorien implizieren, ergeben eine Botschaft, die auf vielfältige Weise übertragen wird. Der Nike-Werbeslogan „Just do it" fordert nicht zum Nachdenken auf, sondern zu Taten, und zeugt davon, wie auch gebildete Werbefachleute – und keineswegs nur Menschen ohne Schulabschluss – die Welt sehen. Spielfilme sind auf ähnliche Weise ein Spiegel der Kultur. Hollywoods gegenwärtige Fixierung auf Gewalt dient selbstverständlich dazu, die Kinos zu füllen, aber warum heute und nicht vor 20 Jahren? Einer der Gründe ist, dass die Drehbuchautoren und Regisseure die Willkürlichkeit und Aussichtslosigkeit verinnerlicht haben, die die modernen wissenschaftlichen Theorien nahe zu legen scheinen, und diese Denkweise in ihren Filmen umgesetzt haben.

Diese Überlegungen sollen Erklärungen für geschichtliche und gesellschaftliche Veränderungen andeuten, die sich hinter dem überschaubaren Tagesgeschehen verbergen. Wenn man Äußerungen wie „Die Menschen werden einfach immer gleichgültiger" hört, ist es wichtig, zu fragen, *warum* diese möglicherweise zutreffen. Selbst Erklärungsversuche, für die der „Zerfall der Institutionen" oder der „Bedeutungsverlust der Religion" bemüht werden, sind nur oberflächliche Alibis. Warum ist dieser Verfall eingetreten? Die Ursachen sind meistens in wirtschaftlichen und wissenschaftlichen Entwicklungen zu suchen, die teils positiv und teils negativ sind, aber auf jeden Fall das Verhältnis des Einzelnen zur Gesellschaft, in der er lebt, beeinflussen.

Eine aussichtslose Schlacht

Die wirtschaftlichen Triebkräfte, die zur Auflösung der amerikanischen Familie geführt und das Phänomen des Doppelverdienerhaushalts verstärkt haben, spielen am Ende der 90er-Jahre keine geringere Rolle als zuvor: Die Sparquote in den USA ist niedrig und der Dollar weist trotz seiner relativen Stärke in jüngster Zeit langfristig einen gleichmäßigen Abwärtstrend auf. Am wichtigsten aber ist vielleicht Folgendes: Die Tatsache, dass die US-Industrie ihre Produktionsstätten auf Niedriglohnländer verlagern kann, schwächt die Verhandlungsposition der Arbeitnehmerschaft sowie die Gewerkschaftsbewegung im In- und Ausland. Selbst von der jüngsten Produktivitätssteigerung in den USA haben die Löhne nicht profitiert. Der ehemalige US-Arbeitsminister Robert Reich ist der Meinung, dass der Produktivitätszuwachs sich in Unternehmensgewinne verwandelt, statt den Arbeitern zugute zu kommen – und hat damit allem Anschein nach Recht. Abbildung 6-1, ein Diagramm des Wirtschaftsministeriums zeigt, dass in den letzten 40 Jahren Löhne und Gehälter im prozentualen Verhältnis zur Industrieproduktion eindeutig nach unten tendiert haben. Die Gesamtvergütung, zu der auch Leistungen von Renten- und Krankenversicherungen gehören, ist am Ende desselben Zeitraums unverändert im Vergleich zum Ausgangswert, aber um 5 Prozent geringer als in den frühen 70ern; in den letzten Jahren ist sie um 2 bis 3 Prozent zurückgegangen. Dieser Trend bestätigt Reichs Aussagen.

Aus welchem Grund ist nun der Anteil der Arbeitnehmer am Wohlstand des Landes geschrumpft und welche Bedeutung hat das alles für Anleger? Säkulare Veränderungen haben immer mehrere Ursachen, aber es gibt eine Reihe von Erklärungsansätzen, die erwähnenswert sind. Aufgrund des Falles der Berliner Mauer, der Liberalisierung weltweiter Handelsbestimmungen und der Globalisierung des Kapitalmarkts, die sich beinahe gleichzeitig vollzogen, *ist Arbeitskraft in den 90er-Jahren zu einem frei handelbaren Gut geworden*. Das war in der Zeit der Identifikationsfigur Eisenhower in den 50er-Jahren anders, als Autos zum Beispiel noch in Detroit gebaut werden mussten. Wer weder Gewerkschaftsmitglied war noch in Michigan lebte, stand nicht für Chrysler am Fließband. Der Umstand, dass die Arbeitnehmerschaft in der Lage war, eine „Kostendruckinflation" zu erzeugen – wie man damals sagte –, war von großer Bedeutung, weil das Kapital sonst nirgendwohin fließen konnte. 1989 beschleunigte der Mauerfall diesbezüglich Veränderungen, die bereits eingesetzt hatten. Freihandelsabkommen und der globalisierte Kapitalmarkt haben es Unternehmen ermöglicht, praktisch überall Fertigungsstätten zu errichten und beinahe alles zu produzieren. Viele gut bezahlte Arbeitsplätze in der Fertigung sind heute einfach nicht mehr in den USA, sondern in anderen Ländern zu finden und wurden durch weniger gut – oft nur mit dem Mindestlohn – bezahlte, dienstleistungsorientierte Arbeitsplätze ersetzt. Die Folge ist ein insgesamt größerer Wohlstand, aber – wie wir heute erkennen – auch die Spaltung der Arbeitnehmerschaft in Reiche und Arme, was eine Schrumpfung der herkömmlichen amerikanischen Mittelschicht bedeutet.

Abbildung 6-1.
Vergütung der Arbeitnehmerschaft als Prozentsatz der nationalen Produktionsleistung, 1953 – 1995

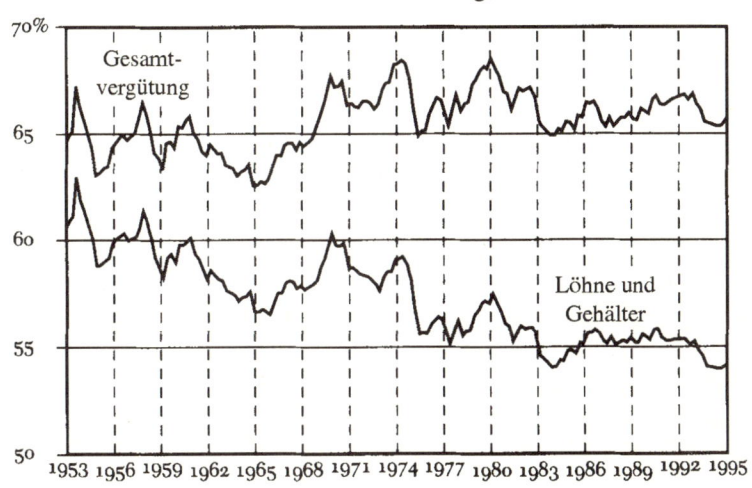

(Quelle: U.S. Department of Commerce)

Da die Reallöhne gesunken sind, stehen die Vereinigten Staaten heute im Wettbewerb mit ihren Handelspartnern unter den Industrieländern sehr gut da. Abgesehen davon, dass die Löhne und der Dollarkurs relativ niedrig sind, wird die Produktivität in den USA noch zusätzlich durch den extensiven Einsatz neuer Technologien gesteigert, vom Computerbereich bis zur Telekommunikation. Tabelle 6-1 zeigt es überdeutlich: „Wir sind die Nummer Eins ..."

Zu dieser Konkurrenzfähigkeit gelangte man jedoch größtenteils auf Kosten der Arbeitnehmer. Der Stellenabbau in der Industrie, der Einsatz von Technologie anstelle von Arbeitskräften und die Größenvorteile, die Fusionen und Übernahmen mit sich bringen, haben alle zur Begrenzung der Löhne und Gehälter beigetragen. Als Chase Manhattan 1995 mit der Chemical Bank fusionierte, wurde beispielsweise sofort der Abbau von 12.000 Arbeitsplätzen angekündigt, was viele in dem heute allgemein verbreiteten Glauben bestätigte, dass die Unternehmenschefs allmächtig sind und ihre Macht jederzeit ausspielen können. Solche Ängste bewirken, dass sowohl die Gewerkschaften als auch die nicht gewerkschaftlich organisierten Arbeiter ihre Forderungen einschränken, und sind ein Grund dafür, dass Aktionäre heute auf Kosten der Arbeitnehmerschaft reicher werden.

Tabelle 6-1.
Die 20 wettbewerbsfähigsten Nationen:

1. USA	11. Taiwan
2. Singapur	12. Kanada
3. Hongkong	13. Österreich
4. Japan	14. Australien
5. Schweiz	15. Schweden
6. Deutschland	16. Finnland
7. Niederlande	17. Frankreich
8. Neuseeland	18. Großbritannien
9. Dänemark	19. Belgien/Luxemburg
10. Norwegen	20. Chile

(Quelle: International Institute for Management Development)

Es sind jedoch nicht nur die Arbeiter, die darunter leiden. In der Presse werden meist die Auswirkungen auf Arbeiter aus der Unter- und Mittelschicht hervorgehoben, und es wird angedeutet, dass von deren Nöten die hochgebildeten und wohlhabenden Bevölkerungsschichten profitieren. Das mag für Menschen gelten, die viele finanzielle Vermögenswerte wie Aktien und Anleihen besitzen, aber fast die gesamte hochgebildete Oberschicht der USA sitzt im selben, wenn auch etwas sichereren Rettungsboot. Die Piloten, Ingenieure, Anwälte und Ärzte dieses Landes bekommen die weitreichenden Folgen der Globalisierung ebenfalls zu spüren: Ihr Lebensstandard sinkt, und ihre Möglichkeiten, sich selbst höhere Gehälter zu zahlen oder eine bessere Vergütung zu fordern, sind begrenzt. Adam Smiths unsichtbare Hand erfasst beinahe alle Amerikaner.

Globale Zwänge

Warum ist das so? Wie können billige Arbeitskräfte in Bangladesch Ärzten in Philadelphia zu schaffen machen? Wenn es irgendein „Produkt" gibt, das nur „vor Ort" gebraucht wird, dann doch wohl ärztliche Hilfe – so sollte man jedenfalls meinen. Die Sache ist so: *Der globalisierte Handel und der uneingeschränkte internationale Kapitalmarkt haben die Länder in Konkurrenz zueinander treten lassen.* Den Wettstreit zwischen den Nationen gibt es natürlich schon seit dem 18. Jahrhundert, der Ära des Merkantilismus, doch in den 90er-Jahren des 20. Jahrhunderts hat der freie Handel eine Verschärfung der Auseinandersetzung bewirkt. Damit die Vereinigten Staaten gegenüber den anderen Ländern in wirtschaftlicher Hinsicht nicht ins Hintertreffen geraten, müssen sie eine Politik betreiben, die die Inflation niedrig und die Währung relativ stabil hält und eine hohe Investitionsrate begünstigt. Eine wirtschaftlich bedeutende Maßnahme, die es erleichtern würde, *alle drei* Bedingungen zu erfüllen, wäre die Ausgleichung des Bundeshaushalts – oder zumindest die Absenkung des Defizits der USA unter das ihrer größten Handelspartner. Dies würde allerdings harte Entscheidungen erfordern, wie sie derzeit vor allem der republikanisch dominierte Kongress auf sich nimmt. 1994 wurde Hillary Clintons Gesundheitsreform abgelehnt und ein Jahr später wurden die Ausgaben im Rahmen der staatlichen Gesundheitsfürsorge für Alte und Einkommensschwache in Frage gestellt.

Nicht nur die Regierung, sondern auch die private Industrie bemüht sich nach Kräften, ihre Kosten zu reduzieren und in einem globalen Umfeld konkurrenzfähig zu bleiben. Die Krankenkassen, die die Ärzte so verabscheuen, gingen nicht aus der staatlichen Bürokratie, sondern aus dem Privatsektor hervor. Sowohl die Regierung als auch Unternehmen, die Dienstleistungen im Bereich der Gesundheitsfürsorge in Anspruch nehmen, weigern sich, immer höhere Kosten für ärztliche Leistungen zu tragen – und so ist es kein Wunder, dass die Ärzte unter einem Konflikt leiden, der für sie kaum erkennbar und vielleicht auch nicht nachvollziehbar ist. Ärzte sind allerdings nicht die Einzigen, die einen qualifizierten Beruf ausüben und Einbußen werden hinnehmen müssen. Die aufgrund des globalen Wettbewerbs begrenzten finanziellen Ressourcen werden zum Beispiel auch keine Erhöhung der Gehälter von Lehrern und Professoren mehr zulassen. Die Dozentengehälter, die einen beträchtlichen Teil der Ausgaben einer Universität ausmachen, können nicht mehr um zweistellige Prozentzahlen ansteigen, wie es, grob gesprochen, in den letzten zehn Jahren der Fall war. Selbst für Profisportler geht es jetzt ans Eingemachte. Der anhaltende Streik der Baseballspieler in den Jahren 1994 und 1995 spiegelte die neue Realität wider: Vereinsbesitzer, Fans und Fernsehsender können es sich nicht mehr leisten, mittelmäßigen Talenten 3 Millionen Dollar Jahresgehalt zu zahlen – vielleicht nicht einmal mehr den Stars. Wir verabschieden uns allmählich von den Zeiten des Luxus, in denen ein Sportler für seine Fähigkeit, einen Ball mit einem Holzschläger zu treffen, jede erdenkliche Summe verlangen konnte.

Ich glaube, ich habe ziemlich weit ausgeholt und nebenbei einige neue Themen angeschnitten. Im Grunde geht es mir um Folgendes: Heutzutage ist keine Berufsgruppe mehr gegen die Auswirkungen des weltweiten freien Handels gefeit. Die Wirtschaftswissenschaftler konzentrieren sich gern auf die Spaltung der Arbeitnehmerschaft und die Zweiteilung der Gesellschaft in ungebildete Arme und technologisch versierte Reiche, doch es sollte auch immer klarer werden, dass die Globalisierung uns alle betrifft: Piloten, Ärzte, Vermögensverwalter, selbst diejenigen, die sich zur Ruhe gesetzt haben und von einem weiterhin freigebigen Staat Gesundheitsfürsorge und Sozialleistungen erwarten. Diese Zeiten sind so gut wie vorbei. Die Nachteile der Globalisierung sind unsichere Arbeitsplätze sowie geringere Löhne und Sozialleistungen; die wirtschaftlichen Vorteile sind ein schwächerer Lohndruck, eine niedrige Inflationsrate und im Allgemeinen mehr Wohlstand in den USA und im Rest der Welt. Kapitalismus bedeutet kreative Zerstörung, und jeder von uns – ob Arzt, Anwalt oder Indianerhäuptling – wird sich auf Jahre hinaus den Herausforderungen stellen müssen, die die gegenwärtige Phase des kapitalistischen Umbruchs mit sich bringt.

Gegenmaßnahmen

Lässt sich gegen diese Tendenz irgendetwas unternehmen? Es ist interessant, sich an die ersten Jahrzehnte des 20. Jahrhunderts zu erinnern – an die Zeit Henry Fords und seiner revolutionären „5-Dollar"-Lösung. Ford beschloss, den Lohn der Arbeiter in seiner Autofabrik in Detroit auf die damals unvorstellbare Summe von 5 Dollar pro Tag zu verdoppeln, damit sie ihr eigenes Produkt kaufen konnten. Die Ankündigung rief Verwunderung hervor, obwohl Ford damit der Theorie eines Wirtschaftswissenschaftler des 19. Jahrhunderts namens J.-B. Say folgte. Say hatte eine Theorie entwickelt, die später als das „Saysche Gesetz" bekannt wurde und im Grunde besagte, dass jedes Angebot für entsprechende Nachfrage sorgt. Ford war also nicht maßlos großzügig. Die Einführung des Montagebands hatte einen enormen Produktivitätszuwachs bewirkt und Ford konnte es sich ohne weiteres leisten, einen Teil dieses Zugewinns in Form von höheren Löhnen weiterzugeben, und dabei selbst noch mehr als genug zu haben. Eine Wiederholung von Fords Schachzug scheint jedoch angesichts des globalen wirtschaftlichen Umfelds der 90er-Jahre unmöglich. Können Sie sich ein führendes Computer-, Halbleiter- oder Softwareunternehmen vorstellen, das heute eine ähnliche Strategie verfolgt? Es würde schnell von anderen ausgestochen, die aufgrund der Torheit ihres Konkurrenten die Möglichkeit hätten, die *Preise* für ihre Produkte zu senken, statt die *Löhne* zu erhöhen.

Die Fordsche Lösung scheidet also aus. Auf Seiten der Regierung haben zwar Robert Reich und Bill Clinton mit der Anhebung des Mindestlohns eine Art „5-Dollar"-Taktik versucht, doch deren Resultat bleibt abzuwarten. Ihre Versuche, Arbeitern durch Ausbildung und Studium den Zugang zu gut bezahlten High-Tech-Arbeitsplätzen zu erleichtern, sind langfristig angelegt und scheinen Initiativen des öffentlichen Bereichs zu betonen, was wahrscheinlich ihre Effektivität schmälert. Die Reallöhne lassen sich zwar durch eine Verstärkung von Zoll- und Handelsbarrieren vorübergehend anheben – zumindest, wenn man den Gewerkschaften und den Pat Buchanans dieser Welt Glauben schenkt –, aber es ist nicht zu erwarten, dass die Politiker in den nächsten Jahren zu dieser zweifelhaften Lösung greifen werden. Das Gleiche gilt für eine erhebliche Steuersenkung mit dem Ziel, die Nettolöhne der amerikanischen Unter- und Mittelschicht aufzubessern.

Vielleicht ist es nicht damit getan, unsere derzeitigen Probleme und ihre Auswirkungen auf den Anleihemarkt zu dikutieren, ohne einen eigenen Lösungsvorschlag zu machen. Ich gebe zu, dass es leicht ist, auf den Politikern herumzuhacken und darauf hinzuweisen, dass wahre Revolutionen immer vom Volk ausgehen; aber vielleicht ist die breiter werdende Kluft zwischen „Oberschicht" und „Unterschicht" auch bei allem Gemeinschaftssinn der Welt nicht mehr zu überbrücken. Gibt es irgendetwas, das die Regierung tun kann, um zumindest eine Teillösung zu finden?

Ich habe Zweifel, was Clintons Ansatz angeht, die Elemente Mindestlohn und Ausbildung zu kombinieren. Die Regierung ist nicht einmal in der Lage, eine

Bahnlinie zu betreiben, geschweige denn eine Volkswirtschaft zu dirigieren. Es ist fast immer besser, die Politik aus dem Spiel zu lassen und den Kräften des Marktes zu gestatten, die produktivsten Bereiche mit Kapital zu versorgen. Schließlich haben wir genau das aus dem Untergang des Sowjetreiches und aus den anhaltenden Schwierigkeiten der sozialistischen Regierungen in Westeuropa gelernt.

GRUNDKURS VWL:
Freihandel kontra Protektionismus

Dass der internationale Freihandel dem Protektionismus insgesamt vorzuziehen ist, wird kaum bestritten, doch profitieren einige Menschen und Gesellschaftsbereiche mehr vom Freihandel als andere. Zum Beispiel hat jeder etwas davon, wenn in den USA hergestellte Computer gegen Öl aus dem Nahen Osten oder gegen chinesische Textilien getauscht werden können; aber es deutet immer mehr darauf hin, dass im Verlauf dieses Prozesses das Unternehmertum (Kapital) dadurch einen zusätzlichen Vorteil gegenüber der Arbeitnehmerschaft (Löhne) gewinnt. Wenn in den USA ansässige Fertigungsbetriebe ihre Produktion im Ausland mit Hilfe billigerer Arbeitskräfte erhöhen können, werden zumindest vorübergehend gut bezahlte Arbeitsplätze exportiert und die niedrigeren Löhne der Ausländer importiert, da die Lohnempfänger in den USA kein Druckmittel mehr haben, um Lohnerhöhungen zu fordern. Das ist natürlich positiv für die Unternehmensgewinne und hilft, die Inflation niedrig zu halten, ist aber andererseits wahrscheinlich ein Hauptgrund für den im letzten Jahrzehnt so mageren Reallohnzuwachs in den Vereinigten Staaten. Das Gegenmittel besteht aber nicht etwa darin, Handelsschranken à la Pat Buchanan zu errichten, sondern darin, dem ärmsten Teil der Arbeitnehmerschaft mit Steuersenkungen oder einer Steuerbefreiung zu helfen.

Pat Buchanan und der rechte Flügel der republikanischen Partei glauben dagegen an den Sinn von Zoll- und Handelsbarrieren und wollen die Einwanderung in die USA stoppen, um in Zukunft Arbeitsplätze für amerikanische Bürger zu sichern. Netter Versuch, Pat, aber ökonomisch gesehen ist das nicht nur fauler Zauber, sondern einfach Unsinn. Wohlstand lässt sich nicht erzeugen, indem man den Handel beschränkt oder die Steuern erhöht, und nichts anders sind ja Zollgebühren.

Nein, der Regierung steht nur eine einzige wirkliche Lösung offen, die einerseits die Vorteile einer freien Marktwirtschaft bewahrt und andererseits die Schwierigkeiten derer lindert, die Opfer der Spaltung unserer Gesellschaft geworden sind, nämlich die Steuerbefreiung aller Bürger, deren Jahreseinkommen unter 25.000 Dollar oder einem ähnlichen Betrag liegt. Kann es eine einfachere und wirksamere Methode geben, mit einem Schlag den Rückgang der Nettolöhne der unteren Hälfte der amerikanischen Gesellschaft zu *beheben*? Denken wir nicht mehr an eine Senkung der Kapitalgewinnsteuer; Aktionäre kommen ohnehin zu gut weg. Vergessen wir auch die Regelung, die Eltern eine Steuervergütung in Höhe von 500 Dollar gewährt. Derlei ist ein Tropfen auf den heißen Stein. Die Republikaner sollten sich verstärkt der Stammwählerschaft der Demokraten zuwenden um die Misere zu lindern, in der sich die untere Hälfte der Gesellschaft befindet, gleichzeitig allerdings den republikanischen Prinzipien des freien Marktes und relativ niedriger Steuern treu bleiben.

Abgesehen von Steuererleichterungen für die amerikanische Unterschicht gibt es vermutlich wenig, was man in den nächsten Jahren tun kann, um den langsamen, aber konstanten Rückgang der Löhne im Verhältnis zur landesweiten Produktion zu stoppen. Die realen, inflationsbereinigten Löhne mögen einen gewissen Anstieg erfahren, wenn sich die Produktivitätssteigerungen jüngster Zeit in gleichem Umfang fortsetzen, aber die Aussichten für die Arbeitnehmerschaft können nicht gut stehen, solange Unternehmen die Möglichkeit haben, Fertigungsstätten ins Ausland zu verlagern *und* solange billige ausländische Arbeitskräfte zur Verfügung stehen, die bereit sind, für weniger als unseren Mindestlohn zu arbeiten. Diese Voraussetzung wird allem Anschein nach mindestens noch in den ersten Jahren des 21. Jahrhunderts gegeben sein.

Was bedeutet das alles für die amerikanische Nation, die Wirtschaft und die Anlagemärkte? Nun, was die Zukunft der Vereinigten Staaten angeht, kann man nicht einfach sagen, dass wir uns in Zukunft damit begnügen werden müssen, unser Geld mit dem Braten von Hamburgern zu verdienen. Denn das werden wir nicht. Die Demokratie der Vereinigten Staaten ist – wie Tocqueville, Jefferson und andere politische Philosophen bemerkt haben – ein System, das sich in einem empfindlichen Gleichgewicht befindet. In erster Linie ist die Demokratie davon abhängig, ob die Allgemeinheit den Eindruck hat, dass die Chancen für alle gleich sind, wenn auch die Menschen nicht alle gleich sind. In der Geschichte der USA ist den Beschwerden der Unterprivilegierten mit einer Gesetzgebung Rechnung getragen worden, die in einem höheren Maß für Chancengleichheit gesorgt hat als in jedem anderen Land. Doch heute liegt das Problem woanders. Kein Gesetz der USA kann *weltweit* gleiche Voraussetzungen herstellen und die Amerikaner sind demzufolge immer weniger davon überzeugt, dass Chancengleichheit besteht. Die Klagen sind zahlreich: Wir sind nicht wettbewerbsfähig, weil es in Japan Importbeschränkungen für amerikanische Produkte gibt. Wir sind nicht wettbewerbsfähig, weil in Indien Kinder arbeiten. Wir sind nicht wettbewerbsfähig, weil Mexiko keine so strengen Umweltbestimmungen hat wie wir. Und so weiter. Auf der ganzen *Welt* sind die Voraussetzungen heute nicht mehr identisch, was bewirkt, dass sogar innerhalb unserer Grenzen am Bestehen der Chancengleichheit gezweifelt wird. Die amerikanische Demokratie ist infolgedessen immer weniger in der Lage, ihre wirtschaftlichen Geschicke zu lenken, was zu Frustration, Unzufriedenheit, Gewalt und einem potenziellen Klassenkampf führt. Die Situation ist heikel, und die Aussichten sind nicht rosig. Letzten Endes könnte sogar unsere Demokratie selbst bedroht sein, wenn eine autoritäre Führung als Lösung angesehen wird.

Die säkularen Folgen niedriger Löhne

Die für die Wirtschaft und den Anleger wichtigste Schlussfolgerung, die sich aus einer anhaltenden Schwäche am Arbeitsmarkt ziehen lässt, ist, dass zwangsläufig auch der Konsum darunter leiden wird. Das persönliche Einkommen, das den Konsum jahrzehntelang angeheizt hat, kann heute bei weitem nicht mehr so stark wachsen wie in früheren Jahrzehnten. Und niedrige Lohnzuwächse bedeuten begrenzte Kaufkraft. Wird dieses säkulare Phänomen von einem Höchststand der Verbraucherverschuldung (siehe Abb. 6-2) und einem demographischen Muster begleitet, bei dem in den nächsten fünf bis zehn Jahren die Zahl der Zwanzig- bis Dreißigjährigen abnimmt und der Anteil der Sparer wächst, dann ergibt sich eine bemerkenswerte Konstellation, die für den selben Zeitraum ein geringes Konsumwachstum erwarten lässt, fast garantiert.

Abbildung 6-2.
Ratenkredite von Verbrauchern als Prozentsatz des verfügbaren Einkommens, 1975 – 1995

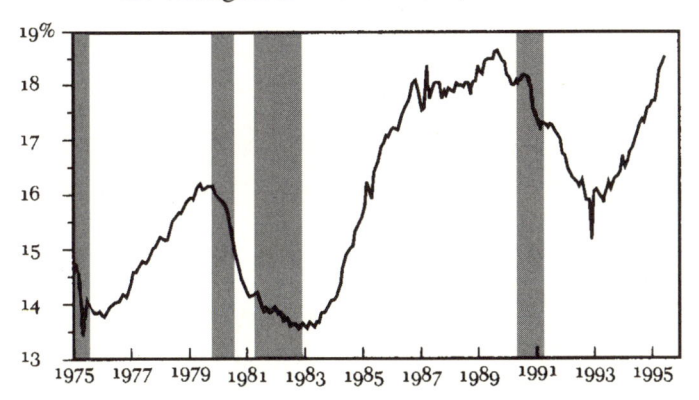

(Anmerkung: Grau markierte Flächen zeigen Rezessionen)
(Quellen: Federal Reserve Board of Covernors; U.S. Department of Commerce)

Diese megaökonomischen Kräfte, zu denen noch die Aktivitäten der Freischärler des Kapitalmarkts (siehe Kapitel 3.) hinzukommen, haben selten oder noch nie so zusammengespielt wie heute. Infolgedessen ist es fast unmöglich, die Wirtschaft der Vereinigten Staaten oder der Welt wieder anzuheizen. Der Konsum und die Absatzzahlen des Einzelhandels werden in den nächsten Jahren nur schwach steigen; stellen Sie sich auf durchschnittlich 3 Prozent ein. Das nominelle Wachstum des Bruttoinlandsprodukts wird im selben Zeitraum rund 5 Prozent betragen, und eine Inflationsrate von 2 Prozent wird in den USA bald zur Norm werden, wie es in den meisten Ländern der Welt heute schon der Fall ist. Wie Sie Abbildung 6-3 entnehmen können, erfreut sich derzeit die überwältigende Mehrheit aller Staaten mit Ausnahme Mexikos und einiger Schwellenländer einer so niedrigen Inflationsrate wie seit Jahrzehnten nicht mehr. Das ist nicht erstaunlich.

Abbildung 6-3.
Prozentuale Veränderung der Verbraucherpreise
gegenüber dem Vorjahr, 1995 – 1996

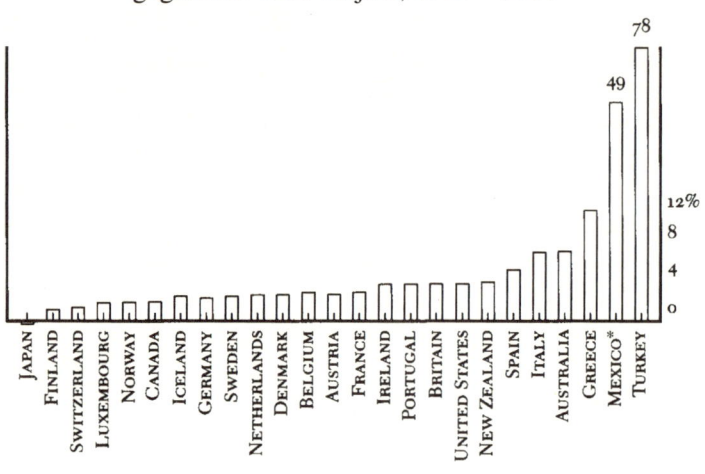

[Balkendiagramm mit Werten für: Japan, Finland, Switzerland, Luxembourg, Norway, Canada, Iceland, Germany, Sweden, Netherlands, Denmark, Belgium, Austria, France, Ireland, Portugal, Britain, United States, New Zealand, Spain, Italy, Australia, Greece (ca. 49), Mexico* (78), Turkey. Skala: 0, 4, 8, 12%]

* westlicher Teil   (Quellen: OECD; nationale Statistiken)

Während des restlichen Jahrzehnts wird ein Eintopf namens „Niedrigwachstum" auf dem Speiseplan stehen, und diejenigen Wirtschaftswissenschaftler und Vermögensverwalter, die sich anscheinend über eine Konjunkturüberhitzung Sorgen machen, haben es einfach noch nicht begriffen. Wenn es nicht möglich ist, die Löhne kräftig anzuheben und weitere Kredite aufzunehmen, und wenn die demographischen Statistiken von Sparern statt von Konsumenten sprechen, dann gibt es fast kein Entrinnen aus dem Sumpf der Stagnation.

Warten Sie also in Ruhe ab, was kommt – das heißt, solange Sie einen gut bezahlten Arbeitsplatz haben. Bei 2 Prozent Inflation werden die Anleihemärkte der USA und Europas in absehbarer Zukunft attraktiv bleiben. Zwar wird man vielleicht später in den Geschichtsbüchern lesen können, dass die heutigen Wirtschaftstendenzen die Reichen begünstigten und die Armen benachteiligten, den Lebensstandard der Bürger der USA immer uneinheitlicher werden ließen und möglicherweise den Verfall der amerikanischen Gesellschaft und ihrer Werte beschleunigten, doch wer in der Lage ist, zu sparen und zu investieren, muss trotz allem dazu ermutigt werden, diese unerbittlichen, unaufhaltsamen Trends auszunutzen. Gesellschaftliche Probleme sind mit Hilfe von Adam Smiths „unsichtbarer Hand" schwerlich zu lösen, denn wenn wir Hilfe suchen, sollten wir uns an die Familie, an die Kirche und, wenn alle (aber auch wirklich alle) Stricke reißen, an die Regierung wenden.

Teil III: Kapitalanlage in einer 6-Prozent-Welt

7. Der Papst und ich

Stellen Sie Ihren Investmentwecker

Ich bin so katholisch wie Pater Guido Sarducci – nämlich gar nicht. Meine ersten Erfahrungen mit der Kirche machte ich in Middletown in Ohio; dort ging ich drei Jahre lang in den presbyterianischen Kindergottesdienst, was mir viel Lob und eine Anstecknadel einbrachte. Heute wollen es die Umstände, dass ich in Laguna Beach in Kalifornien wöchentlich die Heilige Messe besuche, zusammen mit meiner gläubigen Frau und meinem respektlosen Sohn Nick. Als wir letzte Woche dicht gedrängt auf der Kirchenbank saßen, sagte Nick zu seiner Mutter, wenn Gott ihm einen Wunsch erfüllen könnte, dann würde er sich wünschen, dass er nicht mehr in die Kirche gehen müsste. Die Sarducci-Gene muss er von seinem Vater haben – aber Nick ist noch zu jung, um zu rauchen, und beherrscht auch den italienischen Akzent noch nicht richtig.

Ich erwähne das alles, weil es manchmal ein Glück ist, wenn man gewisse Dinge aus der Nähe, aber als Außenstehender zu sehen bekommt – und sei es auch nur, um ein subjektives und mit Emotionen befrachtetes Thema wie Religion und Kirche objektiv zu betrachten. Meine wöchentlichen Besuche der Saint-Catherine-Kirche während der letzten Jahren haben mich in genau diese Lage versetzt. Ich staune zum Beispiel darüber, wie sich die Katholiken *anziehen*. Ich weiß, Laguna Beach ist die Stadt der Surfer – aber kurze Hosen und T-Shirt in der Kirche? Selten oder nie sieht man Männer, die wenigstens Sakko und Schlips tragen, und die Frauen kleiden sich genauso lässig. Und können Sie glauben, dass die Ministranten Air Jordans tragen? Wenn so ihre Sonntagsausstattung aussieht, ist es mit unserer Gesellschaft noch schneller bergab gegangen, als selbst ich es erwartet hätte. Sicher, Jesus trug Sandalen, aber ein Gottesdienst hat mit Respekt zu tun, und für mich ist der Gedanke der Demut vor Gott entstellt, wenn man Gott nicht zumindest ordentlich gekleidet gegenübertritt.

Trotzdem muss ich sagen, dass eine katholische Messe eine bewegende Zeremonie sein kann, selbst für einen Teilzeitkritiker wie mich. Wenn ich „Lamb of God, you take away the sins of the world" singe, muss ich jedesmal weinen. Und wenn Sie Frömmigkeit und echten Gemeinschaftssinn verspüren wollen, sprechen Sie das Vaterunser mit und geben Sie den anderen Gemeindemitgliedern neben Ihnen die Hand. „Friede sei mit euch, Friede sei mit euch" ist das Mantra, das voller Freude und Hoffnung ausgesprochen wird und mit dem ehrlichen Wunsch, dass jede einzelne Seele im Angesicht Gottes den für sie bestimmten Trost findet. Nick zählt gerne, wie vielen Menschen er die Hand schütteln kann, und wir müssen ihn dann daran hindern, wie ein Politiker in spe zwischen den Bänken auf und ab zu gehen. „Heute habe ich elf geschafft, Papa!" rief er letzten Sonntag, und ich wusste nicht, ob ich lachen, weinen oder ihn als Kandidaten vorschlagen sollte.

Die Katholiken machen auch einiges andere richtig, und ich erwähne das speziell vor dem Hintergrund der jüngst verabschiedeten Gesetze zur Verbrechensbekämpfung, die den Eindruck erwecken, als hieße die richtige Antwort auf den beklagenswerten Zustand der amerikanischen Gesellschaft: weniger Schusswaffen und mehr Gefängnisse. Ich teile diese Ziele zwar, aber sie sind nur Heftpflaster auf den klaffenden Wunden unseres Landes, die vom Zerfall der Familie und einem Mangel an Respekt für Institutionen wie die Kirche herrühren. Ein neulich in der *New York Times* erschienener Artikel zitiert jedoch eine Studie, die angeblich erklärt, warum katholische Schulen Erfolg haben, was möglicherweise auch viel über den Katholizismus selbst aussagt. Ein Grund ist, dass die Schulen einen hohen Grad an moralischer Autorität verzeichnen und von einem starken Sendungsbewusstsein geprägt sind. Die Lehrer sehen sich weniger als Spezialisten für bestimmte Lerngebiete denn als Mentoren und Vorbilder. Am wichtigsten ist aber vielleicht, dass die Schulen die Ideale der Menschenwürde und der Nächstenliebe hochhalten, zusammen mit einem Gemeinschaftsgefühl, das an vielen staatlichen Schulen fehlt. Ich bin mir sicher, dass die katholischen Schulen in dieser Hinsicht nicht alleine stehen – aber in einer Zeit, in der Chaos herrscht und Politiker unsinnige Gesetze zur Verbrechensbekämpfung verabschieden, um zu beweisen, dass sie hart durchgreifen, macht es Mut, zu wissen, dass Amerika in seinen Kirchen immer noch ein moralisches Fundament hat. Und wenn die Katholiken jemals anfangen, anständige Hosen und Schuhe ohne Luftpolstersohle zu tragen, na, dann gewöhne ich mir vielleicht sogar das Rauchen und den pseudoitalienischen Akzent ab.

Das psychologische „Ich"

Fast jedes Mal, wenn ich die Saint-Catherine-Kirche betrete, empfinde ich eine innere Ruhe, die es mir erlaubt, in mich zu gehen und über mein Leben nachzudenken. Die Kirche mag ein Ort sein, an dem man Gott kennen lernen kann, aber ich denke, man kann sich in der Kirche auch selbst finden. Beides ist in der konkreten Welt des Investments sicher kein Nachteil. In diesem Kapitel werde ich mich statt mit Religion mit der Natur des Menschen beschäftigen und die psychologischen Aspekte der Vermögensverwaltung erörtern. Nachdem ich in Teil I die ökonomischen Grundlagen erörtert habe, ist es nun an der Zeit, zu erklären, *wie* Kapitalanlagen in dieser schönen neuen Welt – das heißt unter Butler-Creek-Bedingungen in der Ära der 6 Prozent – aussehen sollen.

Bei der Kapitalanlage sind einige Dinge unerlässlich. Dazu gehört, dass man weiß, was zu tun ist und wie die gewundenen Nebenflüsse der Finanzwelt zu befahren sind. Jeder Anleger hat es leichter, wenn er ein solides Hintergrundwissen in makroökonomischen Belangen besitzt und sich mit den Anlagearten selbst – Aktien, Anleihen, Investmentfonds und so weiter – genauestens auskennt. Darüber hinaus sind auf jeden Fall aktuelle Datenbücher über bestimmte Unternehmen vonnöten, wenn Sie mit Ihrem Boot die Stromschnellen der Investmentwelt bewältigen wollen.

Alle diese Tipps haben damit zu tun, *in was* man investiert, und mit dieser Frage werden wir uns eingehender in den letzten Kapiteln dieses Buchs beschäftigen. Doch wissen, was zu tun ist, reicht manchmal nicht. Ein Rennfahrer, dessen Wagen seitwärts ausbricht, mag die nötigen Schritte auswendig können, aber er muss sie immer noch ausführen, um das Auto wieder unter Kontrolle zu bringen – und das verlangt eine komplizierte Verbindung von Timing, Selbstvertrauen und Nervenstärke. Man könnte sagen, dass alle diese Elemente mit dem „Wie" eines Vorgangs zu tun haben, und das „Wie" kann einen ebenso mühsamen und zeitaufwendigen Lernprozess erfordern wie das „Was".

Das „Wie" ist beim Investment eine Frage der Psychologie. Es ist eher subjektiv als objektiv und erfordert eher Selbstkenntnis als eine Kenntnis der äußeren Umgebung. Das soll nicht heißen, dass sich ein Anleger erst bei einem Psychiater auf die Couch legen muss, um eine Erfolgschance zu haben. Aber die Kenntnis der eigenen Tendenzen und Neigungen ist ein wichtiger Mosaikstein und sie ergibt sich in der Regel aus der Erfahrung und der Reflexion.

Mein Lieblingsanleger Jesse Livermore, der legendäre Händler der 20er-Jahre, hat es vielleicht am besten ausgedrückt. „In Wirklichkeit", sagte er, „muss sich ein Anleger vor vielem in Acht nehmen, aber am meisten vor sich selbst." Das ist wirklich nicht schlecht gesagt. Kein Mensch ist gegen die emotionalen Gefahren des Investments immun, die von Selbstgefälligkeit in der Mitte des Marktzyklus bis hin zu Gier und Angst an seinen Endpunkten reichen. Abbildung 7-1 veranschaulicht recht gut das psychische Spektrum eines Anlegers, das alle Investmententscheidungen beeinflusst.

Abbildung 7-1.
Spektrum der Emotionen am Markt

Furcht — Zufriedenheit — Gier

Der Schlüssel besteht natürlich darin, zu erkennen, an welchem Punkt des Marktspektrums man sich befindet. Wer zu *gierig* wird, übernimmt sich. Wer zuviel *Angst* hat, verpasst Gelegenheiten, die später eindeutig scheinen, wenn sich die Lage beruhigt hat. Ein Anleger muss sich vor sich selbst in Acht nehmen, wie Livermore es ausdrückte; er muss ein psychologisches Umfeld schaffen, das so frei wie möglich von Emotionen ist. Verwandeln Sie sich in Mr. Spock vom Raumschiff Enterprise und werden Sie zum Vulkanier der Investmentwelt. Dadurch halten Sie die Extreme – Gier und Angst – vom Anlageprozess fern und sind besser für die Realität gerüstet. „Bitte nur die Fakten, gnä' Frau", pflegte Jack Webb in der Krimiserie *Dragnet* zu verlangen, und tatsächlich zählt alles andere nicht, wenn es darum geht, eine Aktie oder Anleihe zu kaufen oder zu verkaufen. Schalten Sie Ihr emotionales „Ich" aus, und Sie haben weitaus bessere Erfolgschancen.

Eine der Möglichkeiten dies zu erreichen, besteht darin, sich eine möglichst emotionslose Anlagephilosophie zu überlegen und ihr zu folgen. Stellen Sie sich vor, wie Sie versuchen würden, abzunehmen: Sie hätten einen relativ strikten Diätplan, an den Sie sich halten müssten; sie würden alle verführerischen Kalorienbomben wegwerfen (nicht verstecken); Sie würden Ihrer Familie und Freunden von Ihrem Vorhaben erzählen, um sich einen gewissen Druck von außen aufzuerlegen; und Sie würden Ihr angestrebtes Gewicht und einen Stichtag festlegen, um sich zu motivieren. Wenn Sie Erfolg wollen, brauchen Sie einen Plan, wie ihn Mr. Spock erstellen und befolgen würde – nicht unbedingt drakonisch, aber vulkanisch: nur Fakten, keine Emotionen.

Der Abschied vom Ego

Als Anleger müssen Sie genauso vorgehen. Die meiner Meinung nach beste Methode ist, sich auf die säkulare Perspektive zu konzentrieren, wie schon in Kapitel 2. beschrieben. Indem Sie mit einem säkularen Zeitrahmen von drei bis fünf Jahren arbeiten statt mit Konjunkturprognosen, die drei bis fünf Monate in die Zukunft reichen, haben Sie eine Chance, die psychische Berg- und Talfahrt zu vermeiden, die die Vermögensverwaltung mit sich bringt. Der Grund dafür ist, dass sich der langfristige, primäre Trend praktisch definitionsgemäß seltener wandelt; die kurzfristige Ausrichtung der Wirtschaft oder der Finanzmärkte ist eher veränderlich. Und es ist der *Wandel*, der Ihre Emotionen verrückt spielen lässt. Er bedeutet, dass Ihre bisherige Meinung jetzt unter Umständen falsch ist – und das macht Ihr Ego sofort anfällig. Oder er bedeutet, dass etwas, das Sie für gut hielten, jetzt schlecht aussieht, und das Pendel, das zwischen Gier und Angst hin und her schwingt, beschleunigt sich. Irgendwann macht Sie die emotionale Volatilität, die von Tagesstatistiken und minütlich aktualisierten Kursnotierungen herrührt, zu einem völlig kopflosen Anleger. Entweder sind Sie Ihren Gefühlen auf dem Höhepunkt der Gier oder der Angst erlegen oder Sie sind mittlerweile so mitgenommen, dass Sie zu der Meinung gekommen sind, in dieser Branche könnten nur Profis Erfolg haben. Dem ist nicht so. Selbst die Profis wären überfordert, wenn sie keinen – wie auch immer gearteten – langfristigen Plan hätten.

Mein Ansatz sieht folgendermaßen aus: Ich fange mit Konjunkturprognosen für die Welt und die USA an, die sich über mindestens drei Jahre erstrecken, und arbeite mich dann zu kleineren Bereichen vor. Diese Vorgehensweise bezeichnen wir in der Vermögensverwaltungsbranche als „retrograde Methode". Man geht, wie aus Abbildung 7-2 ersichtlich, von der säkularen Perspektive aus, und dies prägt meist alle weiteren Entscheidungen auf niedrigeren Ebenen. Versuchen Sie, mit den in den letzten Kapiteln erklärten Methoden zu bestimmen, ob die Inflationsrate tendenziell steigt oder fällt, ob die Konjunktur in Zukunft schwach oder stark sein wird, und wie sich die Unternehmensgewinne langfristig entwickeln werden. Ein Anleger sollte sich wie ein Vulkanier einen Plan für die nächsten Jahre zurechtlegen und dann auf das Auf und Ab der Konjunktur reagieren, indem er kleinere Veränderungen an der Portefeuillestruktur vornimmt. Wenn Sie sich an diesen Plan halten, ist es sehr viel wahrscheinlicher, dass Ihre Anlageergebnisse ausschließlich von harter Arbeit und Intelligenz abhängen und Ihre Emotionen Ihnen keinen Strich durch die Rechnung machen.

Abbildung 7-2.
Investment-Entscheidungsprozess

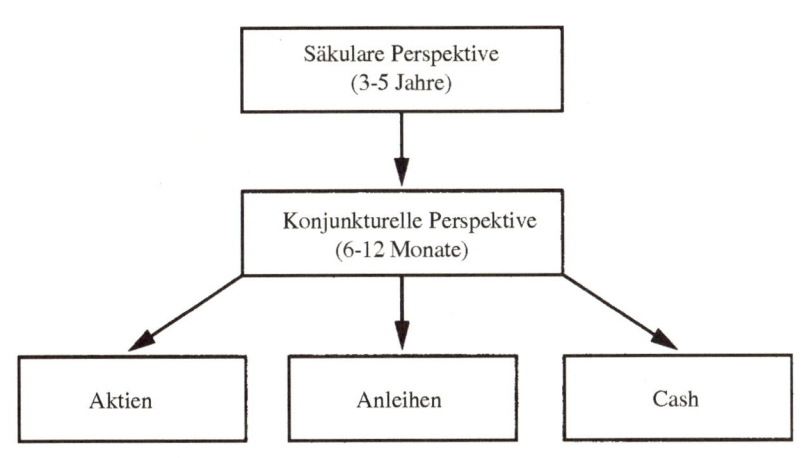

```
         ┌─────────────────────────┐
         │  Säkulare Perspektive   │
         │      (3-5 Jahre)        │
         └───────────┬─────────────┘
                     │
                     ▼
         ┌─────────────────────────┐
         │ Konjunkturelle Perspektive │
         │      (6-12 Monate)      │
         └─────┬──────┬──────┬─────┘
               │      │      │
               ▼      ▼      ▼
           ┌──────┐┌──────┐┌──────┐
           │Aktien││Anleihen││ Cash │
           └──────┘└──────┘└──────┘
```

Privatanleger können die psychologischen Probleme des Investments auch eliminieren, indem sie den größten Teil ihres Vermögens bei offenen Investmentfonds anlegen. Wenn man keinen unmittelbaren Einfluss auf etwas hat (in diesem Fall auf die Zusammenstellung des Portefeuilles), macht man sich in der Regel weniger Sorgen darum und kann viel gelassener bleiben. Ich wette, dass Sie zum Beispiel eine *ungefähre* Vorstellung davon haben, wie viel Sie für Fondsanteile gezahlt haben, die Sie besitzen, aber *genau* wissen, bei welchem Kurs Sie eine bestimmte Aktie gekauft oder verkauft haben. Wenn Sie beispielsweise 1987 IBM bei 175 gekauft haben, erinnern Sie sich daran und erzählen es Ihren Nachbarn und Bekannten – und Sie erklären gleich dazu, dass Sie die Aktie sofort abstoßen werden, wenn sie jemals zu einem Kurs von 175 zurückkehren sollte. Da spricht aber kein Mr. Spock aus Ihnen, sondern Ihre Gefühle. Und Ihr Investmentfonds? Sie glauben, dass Sie ungefähr 23 bezahlt haben und er sich jetzt wieder „so ungefähr" auf dem gleichen Stand befindet; Sie sind überzeugt, dass er auf lange Sicht keine schlechte Anlage sein wird, weil die mehrjährigen Aussichten für den Aktienmarkt sehr attraktiv sind. Das hört sich schon eher vernünftig und nach retrograder Methode an. Investmentfonds können Ihnen helfen, einen Schritt in die richtige Richtung zu machen.

Was halten Sie von routinierten Methoden Ihr freies Geld zu investieren, wie gestaffelte Anleihen, die Durchschnittskostenmethode oder einfach immer „voll investiert zu sein" (was immer das auch heißen mag)? In letzter Konsequenz müsste ich zugeben, dass diese Methoden eine bessere Lösung darstellen als dem eigenen labilen Ego zu vertrauen, wenn man sich mitten in diesem Wolfsrudel (allgemein als „der Markt" bezeichnet) befindet und man den Stimmungswechseln nach oben und unten ausgesetzt ist. Sie könnten sogar einen dieser Vorschläge in einen sekulären Dreijahresplan einbauen und entsprechend anpassen, wenn sich Ihre langfristigen Erwartungen ändern. Aber kommen Sie nicht auf die Idee, dass damit ein gesundes Urteilsvermögen und harte geistige Arbeit hinfällig wären. Wenn Sie sich eine Vogel-Strauß-Einstellung zueigen machen, nach dem Motto „Steck den Kopf in den Sand", werden Sie wahrscheinlich keinen Erfolg haben in der Investmentwelt des Butler Creek.

DER SCHLAUE ANLEGER:
Gestaffelte Anleihen und Durchschnittskostenmethode

Wenn Anleihen gestaffelt werden, bedeutet das, dass Anleihen mit verschiedenen Laufzeiten gekauft werden, die zusammen ein diversifiziertes Portefeuille aus kurz-, mittel- und langfristigen Titeln ergeben. Wenn man zum Beispiel US-Schatzanleihen kauft, die 1998, 2000, 2002, 2004 usw. fällig werden, ist jeder Titel wie eine Leitersprosse. Wenn die erste Anleihe 1998 fällig wird, nimmt man die entsprechende Summe und investiert sie in eine Schatzanleihe mit weit längerer Laufzeit, damit die Leiter intakt bleibt.

Für die Durchschnittskostenmethode wird eine recht einfache Technik benutzt: In regelmäßigen Abständen wird immer der gleiche Betrag angelegt. Sie könnten zum Beispiel jeden Monat 500 Dollar von Ihrem Gehalt investieren. Wenn die Anleihe- oder Aktienkurse höher sind als im vorherigen Kaufzeitraum, erwerben Sie damit eine geringere Stückzahl. Sind die Kurse niedriger, bekommen Sie für den gleichen Betrag mehr Anleihen oder Aktien, so dass sich Ihre Kosten im Lauf der Zeit auf einen Durchschnittswert einpendeln. Die Statistik zeigt, dass ein Anleger, der die Durchschnittskostenmethode anwendet, auf lange Sicht einen durchschnittlichen Einstandspreis zahlt, der unter dem Durchschnittskurs des Wertpapiers im selben Zeitraum liegt.

Wenn Sie unbedingt mitmischen wollen, stellen Sie sich den Wecker

Wenn Ihnen die retrograde Methode, offene Investmentfonds und die Durchschnittskostenmethode viel zu langweilig erscheinen, als dass sie die Renditen erzeugen könnten, die Sie sich vorstellen, dann kann ich Ihnen nur noch raten, in sich zu gehen und sich mit Ihrem Ego vertraut zu machen. Wenn Sie Ihr Ego nicht aus dem Anlageprozess heraushalten können, dann sollten Sie wenigstens wissen, wie es genau beschaffen ist und wie es auf wechselnde Gegenheiten reagiert. Wenn Sie am Höhepunkt eines Bullenmarktes oder am Tiefpunkt eines Bärenmarktes emotional reagieren, dann schreiben Sie sich selbst einen Zettel, auf dem Sie sich ermahnen, in kritischen Situationen wie Mr. Spock statt wie der typische Anleger zu handeln, und hängen Sie den Zettel im Hobbyraum, in der Küche oder im Büro auf.

Noch besser ist es allerdings, wenn Sie sich einen Investmentwecker machen. Ich will das gleich erklären: Die vielleicht beste Methode, Ihre eigenen psychischen Tendenzen in einen praktischen Vorteil zu verwandeln, ist, herauszufinden, wann Ihr Investmentwecker klingelt, und dementsprechend zu handeln. Fast jeder Anleger hat einen Investmentwecker, der ihn aufweckt, zum Aufstehen zwingt und zu Anlageentscheidungen anregt. Die Wecker sind jedoch alle auf verschiedene Zeiten gestellt.

Abbildung 7-3.
Der Investmentwecker

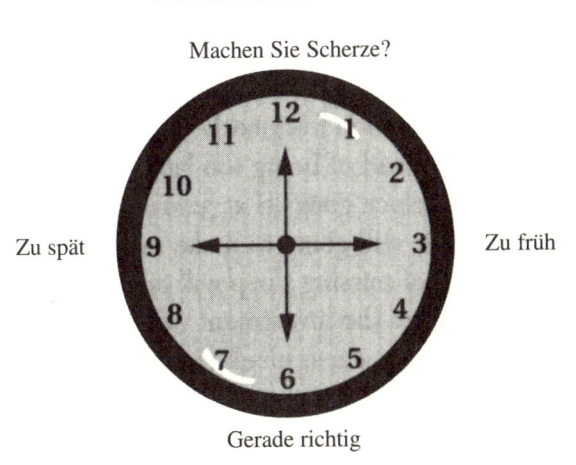

Gerade richtig

Wenn Sie ihren Wecker nun auf irgendeine Zeit stellen müssten, ohne Ihren normalen Tagesablauf zu kennen oder zu wissen, wann Sie normalerweise schlafen gehen, wäre 6 Uhr morgens vielleicht eine gute Zeit. 6 Uhr wäre vielleicht ein bisschen zu früh oder zu spät, aber Sie hätten wahrscheinlich noch Gelegenheit, die Kinder so früh aufzuwecken, dass sie noch rechtzeitig zur Schule kämen, oder Sie könnten um 8:30 Uhr im Büro sein, vielleicht sogar beides. Nehmen wir also an, 6 Uhr morgens sei die ideale Zeit zum Aufstehen. Nehmen wir außerdem an, 6 Uhr morgens sei der ideale Zeitpunkt, um Aktien und Anleihen zu kaufen oder zu verkaufen. Mit anderen Worten: Wenn Ihr Investmentwecker immer um diese Uhrzeit klingeln würde, wären Sie bei einem Verkauf ziemlich nahe am Hoch des Marktes und bei einem Kauf ziemlich nahe am Tief.

Das Problem ist, dass aufgrund der emotionalen Anfälligkeit jedes Anlegers und der Angst und der Gier, die daraus resultieren und sich in seiner Kapitalistenseele einnisten, die Wecker der meisten von uns nicht um 6 Uhr morgens klingeln. Viele Anleger verkaufen zum Beispiel nicht nahe am Hoch des Marktes, sondern am absoluten Tiefpunkt, wenn die Angst sie dazu treibt, sich aus dem Markt zurückzuziehen. Genau das erzeugt natürlich solche Markttiefs. Auf den Wecker übertragen, bedeutet das, dass diese Anleger erst um 9 Uhr oder um 10 Uhr aufgestanden sind; sie haben viel zu spät verkauft, um Gewinn zu machen. Die schlauen Anleger dagegen sind schon lange auf den Beinen; sie verkauften gleich, als der Markt Anstalten machte, sich nach unten zu bewegen.

Einige von Ihnen werden sich fragen, ob diese „Verschlafenheit" nicht im Grund den Informationsmangel widerspiegelt, unter dem viele Privatanleger leiden. Vielleicht – aber heutzutage kann man sich Investmentinformationen per Fernsehen, Radio und Internet beschaffen, was es leichter denn je macht, auf dem Laufenden zu bleiben. Viele Anleger – und sogar Profis – tendieren auch – selbst wenn sie über alle möglichen Informationen verfügen – dazu, diese nicht ernst zu nehmen. Gefühle sind oft stärker als Logik.

Andere Anleger sind nicht zu spät dran, sondern kaufen oder verkaufen zu früh; ihr Wecker klingelt um 3 Uhr morgens. Man könnte einwenden, dass sie trotzdem noch Geld verdienen werden, aber ich nehme an, dass diese 3 Stunden fehlender Schlaf ihren Tribut fordern werden, wenn die Anleger versuchen, sich weiterhin in der Investmentwelt zu behaupten,

Jeder Anleger hat einen Wecker, der jeden Tag ungefähr um die gleiche Zeit klingelt. Das Wichtige ist, diese Uhrzeit herauszufinden und sich entsprechend zu verhalten. Wenn Ihr Wecker um 10 Uhr morgens klingelt und Sie schon um 6 Uhr aufstehen müssen, dann kaufen Sie einen neuen Wecker, der vier Stunden früher klingelt. Wenn Ihr Wecker um 3 Uhr morgens klingelt, stellen Sie das verflixte Ding ab oder drücken Sie achtzehnmal hintereinander den Weckwiederholknopf, bis es wahrscheinlich ungefähr 6 Uhr ist. Und werden Sie dann erst auf dem Markt aktiv. Nehmen Sie sich vor sich selbst in Acht, wie Livermore sagen würde, und schaffen Sie sich ein Wecksystem an, das Sie möglichst nah am idealen Zeitpunkt aufwachen lässt.

Ich selbst arbeite seit 20 Jahren daran – zwar mit einem gewissen Maß an Erfolg, doch habe ich die Vermutung, dass es mir nie vollkommen gelingen wird. Mein Investmentwecker klingelt gewöhnlich etwa um 4:30 Uhr morgens; das ist eigentlich nicht allzu früh, aber immerhin früh genug, um Schaden anzurichten, wenn ein Bullen- oder Bärenmarkt besonders volatil ist. Da ich weiß, wann der Wecker klingelt, habe ich gelernt, ein paar Mal den Weckwiederholknopf zu betätigen, bevor ich kaufe oder verkaufe. Dadurch schalte ich die Gefühle zum Teil aus, wenn auch nicht vollständig, und die Fakten – „bitte nur die Fakten, gnä' Frau" – können dominieren.

Denken Sie vor allem stets daran, dass Investieren psychologisches Geschick erfordern kann. Am sichersten ist es, wenn Sie Ihr Ego im Zaum halten, die retrograde Methode anwenden und sich auf die langfristige Perspektive konzentrieren, aber sollte Ihr Ego doch mit ins Spiel eingreifen, dann ist es von Vorteil, wenn Sie Ihre eigenen persönlichen Neigungen erkennen und Ihren Investmentwecker so stellen, dass er Sie an jedem Tag, an dem Sie investieren, zur richtigen Zeit weckt.

8. Wie Sie Ihre Haut retten

Diversifizierung und Gebührenmanagement

Es ist eine alte Weisheit, dass man Dinge erst zu schätzen weiß, wenn man sie nicht mehr hat. Ich kann das bestätigen, denn ich habe es am eigenen Leib erfahren – oder vielmehr am eigenen Kopf. Haare sind für mich schon immer ein Reizthema; wahrscheinlich, weil es eine lange Zeit gab, in der ich keine hatte, danach eine Zeit, in der ich sehr viele hatte, dann wieder eine Zeit, in der ich keine … na ja, vielleicht sollte ich die Geschichte einfach für sich selbst sprechen lassen. Es wird mir Spaß machen, sie zu erzählen, und vielleicht können diejenigen, denen ihr Haar ebenso wichtig ist wie mir meines, auch etwas daraus lernen.

Tatsache ist, dass ich praktisch gar keine Haare hatte, bis ich 18 war. Als Jugendlicher trug ich immer einen Stoppelschnitt, der mit reichlich Haarwachs gepflegt wurde; ich war der dürrste Junge der 50er-Jahre und hatte die kürzesten Haare. Mein Frisör griff gar nicht erst zur Schere, weil er damit nicht tief genug hätte ansetzen können, und das Mitspracherecht, das meine Eltern mir gaben, sah so aus, dass ich nur gefragt wurde, ob ich einen Teil der „Koteletten" stehen lassen wollte – ich muss zugeben, dass ich diese Frage erst richtig verstand, als ich studierte und zum ersten Mal selbst zuständig für meine Frisur war. Was war es für eine Freude, auf einmal Haare zu haben, jede Menge Haare! Die Beatles eroberten gerade die USA und ich wollte unbedingt der Erste an der Uni sein, der haargenau aussah wie Ringo. (Oder vielleicht wie Paul? Nein, Ringo – ich sah nie so gut aus.) Ich kann mich erinnern, dass ich am Ende meines ersten Studienjahres vor dem Spiegel stand und mich selbst zum „Gott des Haares" erklärte. Die Mädchen hätten mir wunderbar mit den Fingern durch mein langes, volles Haar fahren können, wenn ich es nur fertiggebracht hätte, eines einzuladen, mit mir auszugehen.

Dann trat das Schicksal auf den Plan. Früh an einem Samstagmorgen war ich mit dem Auto unterwegs, um Donuts für ein Treffen am selben Tag zu holen, auf dem sich die potenziellen neuen Vereinsmitglieder vorstellen würden. Auf einer verschneiten Straße rutschte mein Wagen bergab und stieß frontal mit einem entgegenkommenden Auto zusammen. Ich wurde auf die Beifahrerseite und in die Windschutzscheibe geschleudert. Es heißt, dass man in solchen Situationen keinen Schmerz spürt und das stimmt auch, aber ich blutete stark und als ich in die Notaufnahme des Duke-Krankenhauses wankte, sagte mir der Gesichtsausdruck der Krankenschwester, dass ich ein größeres Problem hatte. „Na, dann schauen wir mal", sagte der Arzt ruhig, als man mich auf die Rollbahre legte. Doch dann verlor er vollkommen die Fassung und sagte einen Satz, der wohl das beste Beispiel überhaupt für etwas ist, das ein Arzt niemals zu einem Patienten sagen sollte. „Junge", flüsterte er mit ernster Miene, „es gibt nichts mehr, was ich für dich tun kann."

Seltsamerweise *fühlte* ich mich – obwohl ich wahrscheinlich nicht mehr viel Blut im Körper hatte – gar nicht so, als ob ich sterben würde. Was hatte der Arzt gesehen, das ihn zu dieser fatalen Aussage veranlasst hatte? „Es ist so", fuhr er fort. „Du hast deine Kopfhaut verloren. Die Kopfhaut ist weg und ich habe nichts, was ich wieder annähen könnte. Wenn jemand zu der Unfallstelle zurückgehen könnte und deine Kopfhaut herbrächte ..." Er brach mitten im Satz ab. Ich fühlte mich schon wie General George Custer und hatte mich fast damit abgefunden, gleich der Haar-Fee im Himmel zu begegnen, als plötzlich und wie durch ein Wunder ein Verkehrspolizist hereinkam, der meine Kopfhaut in den Fingerspitzen hielt. „Braucht das hier irgendjemand?" fragte er. (Ich schwöre, es ist wahr. Ich hatte keine Halluzinationen.)

„*Genau das* brauche ich", rief der Doktor, und der Rest ist Geschichte, und zwar eine *haarige*. Nach zwei plastischen Operationen wuchsen meine goldenen Locken wieder, nur um sogleich wieder abrasiert zu werden, als ich in den nächsten Schlamassel geriet – das Ausbildungslager der Marine. In den drei Jahren beim Militär blieb das Haar kurz, dann ließ ich es wieder wachsen und heute – nun, wie jeder 52-jährige Mann weiß, kämpft man in meinem Alter um jedes Härchen, das man noch auf dem Kopf hat. Ich hoffe aber, Sie haben Verständnis dafür, dass ich überempfindlich bin, was mein Kopfhaar angeht. Tote können nicht mehr reden und auch wer skalpiert wurde, hat dazu selten Gelegenheit, aber ich bin der lebende Beweis dafür, dass es möglich ist. Fragen Sie mich nur nicht, wann ich das nächste Mal zum Friseur gehe. Dieses Thema macht mich immer noch nervös.

Lehrstunden in Las Vegas

Meine Skalpierung war eines der Ereignisse in meinem Leben, die mich geprägt haben. Nach den darauf folgenden Operationen schwor ich mir, Krankenhäusern so lange wie möglich fernzubleiben, und seitdem bin ich ein Fitnessfanatiker. Als ich in der Klinik war, hatte ich auch Gelegenheit, mir die Zeit mit dem Erlernen eines neuartigen Blackjack-Spielsystems zu vertreiben. Sie werden bald verstehen, wie diese Erlebnisse schließlich zu meiner Karriere am Anleihemarkt führten. Natürlich will ich meinen Lesern keineswegs empfehlen, sich skalpieren zu lassen oder gar ihre Haut zu Markte zu tragen – aber meine Skalpierung stellte sich im Nachhinein als der Ausgangspunkt meiner Karriere heraus und dafür bin ich – zumindest heute – mehr als dankbar.

Nachdem ich aus dem Krankenhaus entlassen worden war und im Juni 1966 an der Duke University meinen Abschluss gemacht hatte, war mein Ziel, etwas Geld mit Blackjack zu gewinnen. Ich sollte einer der ersten Blackjack-Spieler werden, die in Las Vegas mit der Kartenzählmethode arbeiteten, dank der Vorarbeit durch einen echten Profi, den Urheber der Blackjack-Theorie, Ed Thorpe. Ich hatte keine Ahnung, dass ich in meinen vier Monaten in Las Vegas den

Grundstein zu einer erfolgreichen Wall-Street-Karriere legen würde. Aber ich habe in Las Vegas einige der wichtigen Prinzipien gelernt, die ich seit 25 Jahren bei PIMCO anwende, und ich nehme an, wenn ich gut mit ihnen gefahren bin, dann werden Sie das auch.

Professionelle Blackjack-Spieler verwenden ein Kartenzählsystem. Wer weiß, welche Karten noch im Stapel sind, kann bestimmen, ob er selbst bessere oder schlechtere Gewinnchancen hat als die Bank. Meistens ist natürlich die Bank im Vorteil, aber es gibt Situationen, in denen die Karten im Stapel günstiger für den Spieler sind, und wenn er in diesen Situationen größere Beträge setzt, hat er langfristig bessere Chancen als das Kasino. Das Wissen, wann ein großer Einsatz sinnvoll ist, garantiert allerdings noch keinen Erfolg, denn auch wenn die Chancen besser stehen, handelt es sich nur um höhere Wahrscheinlichkeiten. Angesichts dieser Tatsache wäre es Irrsinn, sein ganzes Geld gleichzeitig zu setzen. Zwar würde man vielleicht in 52 Prozent der Fälle sein Geld verdoppeln, dafür aber in 48 Prozent der Fälle restlos alles verlieren. Die Kasinos leben von Menschen, die so spielen und damit ein klassisches Beispiel für falschen Umgang mit Vermögen geben.

Nein, wenn die Chancen für Sie günstig stehen, muss Ihr Einsatz groß sein, aber nicht so groß, dass Ihr gesamtes Spielkapital beziehungsweise Ihre Ersparnisse gefährdet sind. Diese Theorie ist herkömmlicherweise als „Spielerruin" bekannt, aber sie könnte genauso gut unter dem Begriff „Portefeuille-Diversifizierung" laufen. Lange bevor sich Harry Markowitz von der University of California in Los Angeles die Theorie des diversifizierten Risikos einfallen ließ, die ihm später den Nobelpreis für Ökonomie einbrachte, folgten Blackjack-Spieler demselben Prinzip: Setze nie alles auf eine Karte, denn wenn du falsch liegst, sind die Folgen verheerend.

Denken Sie einmal darüber nach, was es bedeutet, wenn wir dies auf den Investmentbereich übertragen. Es bedeutet natürlich, dass Sie nicht nur eine einzige Aktie oder Anleihe und auch nicht nur eine Immobilie besitzen sollten (außer, wenn Sie in ihr wohnen und sich sonst nichts leisten können). Ihr Bestand an Vermögenswerten sollte eine vernünftige Mischung aus Aktien, Anleihen und – unter Umständen – Immobilien sein. Im Gegensatz zur gegenwärtigen Meinung vieler Anleger bewegen sich Aktien nicht immer nach oben. Die annualisierten Gewinne des Aktienmarkts können nicht ewig 15 bis 20 Prozent betragen wie in der letzten Zeit, denn unsere Wirtschaft und die Unternehmensgewinne können einfach nicht konstant in diesem Tempo wachsen. Außerdem können traumatische Phasen, wie sie lange Zeit nur noch in den Geschichtsbüchern erschienen – sogenannte Rezessionen –, die Aktienkurse plötzlich stark nach unten auslenken. Wer nur Aktien besitzt, sollte sich sehr langfristig orientieren und psychisch in der Lage sein, kurz- oder sogar mittelfristige Rückschläge wegzustecken, denn die nächste Rezession kommt bestimmt.

Portefeuille-Diversifizierung ist also eine grundlegende Investmentmethode, die das Alter des Anlegers, seine finanziellen Möglichkeiten und seine Risikobereitschaft berücksichtigen sollte.

Portefeuille-Diversifizierung und der große Wurf

Das ist ja alles ziemlich naheliegend. Ich habe jedoch festgestellt, dass der zweite Teil der Geschichte genauso wichtig ist. Wenn die Chancen für den Spieler günstig stehen, ist es angebracht, den Einsatz zu *erhöhen*. Wenn man das nicht in den wenigen Situationen tut, in denen die Karten im Stapel einem selbst einen Vorteil bieten, gewinnt zwangsläufig die Bank. Auf das Investment bezogen heißt das Folgendes: Wenn man eine wirklich gute Idee hat, von ihr überzeugt ist und sie durch Nachforschungen untermauert hat, dann muss man eine höhere Summe einsetzen – allerdings nicht so hoch, dass sie den Ruin bedeuten könnte.

Sind Sie von einer bestimmten Aktie vollauf überzeugt? Dann investieren sie rund 10 Prozent Ihres Portefeuilles in diesen Wert. Sorgen Sie dafür, dass Ihre Überzeugung sich auszahlt. Sie glauben, dass Schuldtitel an Schwellenmärkten für 1998 viel versprechen? Dann tun Sie das Gleiche. Gute Ideen sollten nicht durch Diversifizierung zunichte gemacht werden. Wenn Sie in Ihrem Portefeuille 50 verschiedene Aktien haben, dann sind es zu viele. Wenn Sie Anteile an zehn Investmentfonds besitzen, haben Sie zu stark diversifiziert. Bündeln Sie Ihr Vermögen, aber setzen Sie nicht alles auf eine Karte. Das kann für einen Spieler wie für einen Anleger den Ruin bedeuten (vgl. Abbildung 8-1). Streuen Sie Ihre Anlagen aber auch nicht so stark, dass aus Ihrem Portefeuille ein Sammelsurium wird. So können Sie den anderen Anlegern nicht voraus sein. In der Tat werden Sie sich wahrscheinlich wenig von ihnen unterscheiden.

Abbildung 8-1.
Diversifizierung

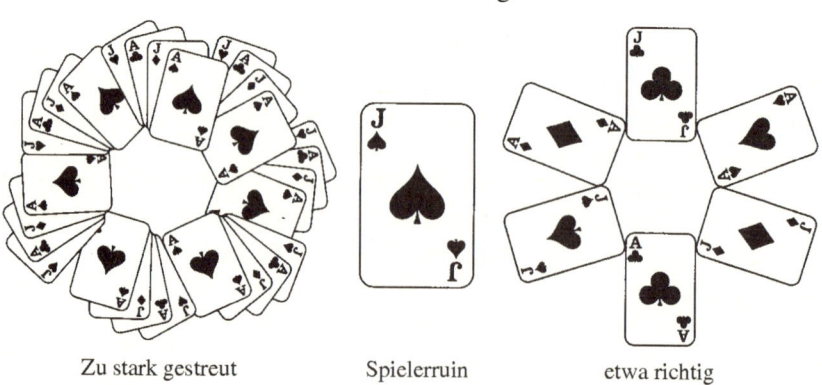

Zu stark gestreut　　　Spielerruin　　　etwa richtig

Nehmen wir ein Beispiel: Ich bin der Meinung, dass ein Portefeuille im Wert von höchstens 50.000 Dollar fast immer ausschließlich in verschiedenen Investmentfonds angelegt sein sollte. Das Geld reicht nicht, um mit Hilfe einzelner Aktien und Anleihen effektiv zu diversifizieren, und alleine die Maklergebühren würden Sie einen beträchtlichen Teil Ihres Kapitals kosten. Bei einem Wert von mehr als 50.000 Dollar sollten Sie die Investmentfonds beibehalten, können aber damit beginnen, einzelne Aktien zu kaufen, die sich als *langfristige* Beteiligung eignen, sofern Ihnen dazu ausreichende Analyseergebnisse vorliegen. Anleihen in kleinen Mengen sind für einen Anleger, dessen Portefeuille weniger als 500.000 Dollar wert ist, immer noch zu schwierig zu bekommen. Wenn Sie nicht so viel haben, bleiben Sie bei Investmentfonds – es sei denn, Sie möchten in die neuen inflationsbereinigten US-Schatzanleihen investieren, die in Kapitel 13. noch besprochen werden. Diese Anleihen sollten leichter erhältlich sein und weisen langfristig eine ausgezeichnete Wertentwicklung auf.

Keine höheren Gebühren als nötig

Als ich im Sommer '66 in Las Vegas spielte – meistens 16 Stunden am Tag –, war ich erstaunt, dass manche Spieler dem Croupier ein großes Trinkgeld gaben, wenn sie gerade eine Glückssträhne hatten. Verstehen Sie mich nicht falsch: Ich weiß, dass auch die Croupiers von etwas leben müssen, und ich gab ihnen auch Trinkgeld – aber erst, wenn ich den Tisch verließ und außerdem in Maßen. Die Spieler, die ihr Geld dem Croupier geradezu hinterher warfen, wenn es gut für sie lief, machten damit praktisch alle Chancen zunichte, insgesamt Gewinn zu machen. Sie hatten vielleicht viel Spaß am Spiel und waren sehr beliebt, aber alles in allem ließen sie Geld, das sie verdient hatten, im Kasino liegen, statt es mit nach Hause zu nehmen.

Ich stellte später fest, dass bei der Kapitalanlage das gleiche Prinzip gilt. In diesem Fall sind die „Trinkgelder" Provisionen auf einzelne Transaktionen oder Betriebsgebühren von Investmentfonds. Denken Sie einmal darüber nach. Wenn der Tisch für Anleger reich gedeckt ist, fällt es nur zu leicht, überdurchschnittliche Provisionen oder Verwaltungsgebühren zu bezahlen. Wenn zum Beispiel der Aktienmarkt 1995 um 35 Prozent gestiegen ist, wieso sollte ich dann meinem Fondsmanager nicht 1 Prozent Trinkgeld beziehungsweise eine Gebühr in dieser Höhe gönnen? Warum sollte ich mich über eine Maklerprovision aufregen, wenn mir die entsprechende Transaktion 5.000 Dollar eingebracht hat? Es ist doch genug für alle da!

Das Problem ist, dass auf lange Sicht eben nicht genug für alle da ist. Wenn Sie eine Pechsträhne haben oder Ihre Renditen nachlassen und nur noch einstellig ausfallen, wird eine Verwaltungsgebühr in Höhe von 1 Prozent zur echten Belastung. Und genau in diese Richtung, lieber Leser, führt uns der Butler Creek. Bei einem durchschnittlichen Aktienfonds in den USA fällt jährlich eine Gebühr in Höhe von 1,35 Prozent des Anlagekapitals an; bei steuerpflichtigen Anleihefonds beläuft sich die Gebühr auf knapp 1 Prozent (Angaben nach *Morningstar Mutual Funds*, einem Anlegerbrief aus Chicago). In einer 6-Prozent-Welt können wir es uns nicht leisten, für die Verwaltung eines Anleihefonds eine Gebühr von 1 Prozent zu zahlen – und auch nicht für einen Aktienfonds, der vielleicht 7 bis 8 Prozent pro Jahr abwirft. In der Ära der 6 Prozent entspricht diese 1-prozentige Gebühr mehr als 15 Prozent Ihres jährlichen Gewinns. Auf lange Sicht bedeutet das, dass Sie 15 Prozent Ihres Vermögens an Vermögensverwalter oder Makler abtreten. Wie heißt es in einem Song von den

Beatles: „Noooo, you can't do that." Wenn Sie zum Beispiel Ihr Haus verkaufen, bekommt der Immobilienmakler von Ihnen nur 6 Prozent Provision. Warum sollten Sie für Aktien und Anleihen, die weitaus liquider sind, 15 Prozent bezahlen?

Entscheidend ist, dass Sie in der Butler-Creek-Welt mit ihren 6-prozentigen Renditen Ihre „Trinkgelder" und Spesen in engen Grenzen halten. Legen Sie ebenso viel Wert auf niedrige Gebühren wie auf exzellente Vermögensverwaltung oder erstklassige Finanzanalysen und wenn Sie das alles in einer Hand finden, dann greifen sie zu und lassen Sie nie wieder los.

DER SCHLAUE ANLEGER:

Investmentanalysen

Ich glaube, dass Sie zu Ihrer Weiterbildung als Anleger beigetragen haben, indem Sie dieses Buch gekauft haben, aber Sie werden weiterhin aktuelle Informationen benötigen genau wie Meinungen von Fachleuten zu Trendwechseln auf den Anlagemärkten. Hierzu zwei Anregungen:

Informationen zu den besten Vermögensverwaltern können Sie über die Unternehmen Morningstar und Value Line beziehen, die Investmentfonds bewerten. Erwarten Sie dergleichen nicht von einem Artikel in einer Kioskzeitschrift, der den Guru, der in aller Munde ist und in den letzten 12 Monaten 35 Prozent Gewinn gemacht hat, wiedergibt. Die besagten Serviceunternehmen bewerten die Ergebnisse von Fonds und deren Managern über Zeiträume von einem, drei und fünf Jahren und führen auch oft Interviews mit den Fondsmanagern. Das weiß ich, weil ich oft mit diesen Unternehmen telefoniere. Sie werden von ihren Analysen profitieren.

Was aktuelle Informationen angeht, mache ich Ihnen ein Angebot, das Sie vielleicht gar nicht ausschlagen können. Ich gebe jeden Monat den *Investment Outlook* heraus, der in Stil und Format mit den meisten Kapiteln dieses Buches vergleichbar ist. (Auch die persönliche Note, die manchen von Ihnen vielleicht gefällt, kommt nicht zu kurz.) Ich schenke Ihnen gern ein Ein-Jahres-Abonnement, wenn Sie mir schreiben und sagen, wie Ihnen dieses Buch gefallen hat. Schreiben Sie mir unter dieser Adresse: PIMCO, 840 Newport Drive, Suite 360, Newport Beach, CA 92660, USA.

(Leser außerhalb der USA bezahlen nur die Versandgebühren.)

Fakt ist, dass die jährlichen Kosten, die mit dem Besitz von Investmentfondsanteilen und mit professioneller Vermögensverwaltung bei verschiedenen institutionellen Konten, seit mehr als zehn Jahren stetig steigen. Diese Tendenz ist unter Kleinanlegern weitgehend unbemerkt geblieben, fängt aber nun an, die Aufmerksamkeit institutioneller Vermögensverwalter zu erregen – und das, obwohl das Volumen des verwalteten Vermögens in den letzten 15 Jahren um 3.200 Prozent gewachsen ist. Bei einem so enormen „Produktivitätszuwachs" würde man normalerweise *Preissenkungen* wie in der Computerbranche erwarten, hier aber sieht es leider anders aus. Die Branche, in der ich arbeite, weigert sich genau wie die Anwaltschaft, den Wettbewerbscharakter unserer heutigen Welt zu erkennen und verlangt weiterhin exorbitante Gebühren für eine minimale oder gar nicht vorhandene Wertschöpfung. Die Fonds haben die verschiedensten Gründe für Gebührenerhöhungen parat: Höhere Betriebskosten und die Notwendigkeit, so genannte Starmanager bei der Stange zu halten, sind häufige Argumente. Doch die meisten dieser Erklärungen sind Unsinn. Alleine in diesem Jahr werden Aktien- und Anleihefonds beinahe 20 Milliarden Dollar an Gebühren von ihren Anlegern einnehmen – und diese Zahl schließt weder Kaufgebühren noch Gebühren für separat verwaltete institutionelle Konten ein.

Tabelle 8-1.
Wie viel Sie bezahlen sollten

	Durchschnittliche Fondsgebühr	Ideale jährliche Gebühr	Höchste akzeptable Gebühr
Fonds mit Auslandsaktien	1,45%	0,50 – 0,60%	0,75%
Fonds mit Inlandsaktien	1,35%	0,35 – 0,50%	0,65%
Fonds mit Industrie- und Staatsanleihen sowie Hypothekentiteln	0,97%	0,25 – 0,45%	0,50%
Fonds mit hochverz. Anleihen	1,23%	0,35 – 0,50%	0,60%

Die Gebühren in Tabelle 8-1 sind meiner Meinung nach akzeptabel und die höchsten Gebühren, die man sich in der Butler-Creek-Welt der 6-prozentigen Renditen leisten kann. Halten Sie Ihre Gebühren unter Kontrolle, indem Sie das *Wall Street Journal* zu Rate ziehen; dort werden in dem Teil mit den Quotierungen der Investmentfonds auch jeden Montag die Aufwandsquoten aller Investmentfonds aufgelistet. Sehen Sie sich die Quote Ihres Fonds an, und wenn sie über meinem Maximum liegt, dann denken Sie ernsthaft über einen Wechsel nach. Im *Wall Street Journal* stehen Hunderte von Investmentfonds, die jährliche Gebühren in Höhe von mehr als 1 Prozent verlangen, manche sogar zwischen 2 und 3 Prozent. Diese Fonds werden mehr als überzeugende Ergebnisse vorweisen müssen, wenn sie diese Kosten rechtfertigen wollen, und bei ihnen hat man von vornherein einen Rückstand aufzuholen. Stattdessen könnten Sie sich die Fonds ansehen, die meine eigene Firma, PIMCO, anbietet, oder, wenn Sie eine andere Art von Produkten vorziehen, die Vanguard-Familie, einen Investmentfondskomplex, den der legendären John Bogle leitet.

Schenken Sie nichts dem Kasino!

Ganz gleich, für welchen Vermögensverwalter oder welche Fondsfamilie Sie sich entscheiden – es ist wichtig, eine andere Lektion zu beherzigen, die ich in der funkelnden Wüstenstadt gelernt habe. Nur sehr wenige Spieler verlassen Las Vegas mit vollem Geldbeutel. Schließlich kann Las Vegas nur deshalb inmitten einer ausgedehnten Wüste existieren, weil es von spielwütigen Besuchern finanziert wird. Die Verlierer mögen behaupten, dass sie sich gut „unterhalten" und ihr Geld sinnvoll ausgegeben haben, doch das Endergebnis ist stets das Gleiche und wird es auch ewig bleiben: Das Kasino gewinnt fast immer.

Auf den Finanzmärkten ist es im Allgemeinen auch so. Sieht man von wenigen Ausnahmefonds ab, hat die Erfahrung gezeigt, dass es sehr schwierig ist, das Kasino zu schlagen – das heißt in diesem Fall: den Markt selbst. Der Grund dafür ist, dass Privatanleger und professionelle Vermögensverwalter mit Investmentfonds und institutionellen Konten Provisionen in Milliardenhöhe erzeugen, indem sie wie wild Wertpapiere kaufen und verkaufen. Selbst wenn man die Prämisse „Wir sind der Markt" akzeptiert, ist 2 plus 2 hier nicht gleich 4, da man vom Ergebnis natürlich Börsenprovisionen, Fondsgebühren und sonstige Ausgaben abziehen muss. Wenn man das alles berücksichtigt hat, lautet die Gleichung nicht mehr $50 + 50 = 100$, sondern mit $50 + 48 = 98$, mit geringfügigen Abweichungen.

Natürlich ist es Aufgabe der Wall Street, Sie vom Gegenteil zu überzeugen. An der Wall Street werden Illusionen verkauft und was das Geldverdienen angeht, sind die Menschen in allen Zeiten bereit gewesen, nach den Sternen zu greifen. Das Problem ist, dass die meisten Anleger nicht im Himmel, sondern im staubigen Las Vegas landen und einen beträchtlichen Teil Ihres Geldes als Gegenleistung für die vermeintliche Sicherheit, die professionelles Fondsmanagement bietet, dem Kasino überlassen. Die Vermögensverwalter werden versuchen, Sie davon zu überzeugen, dass das nicht wahr ist. Wenn sie eine schlechte langfristige Anlagebilanz vorzuweisen haben, werden sie mit ihren letzten 12 Monaten Werbung machen. Haben sie ein schlechtes Jahr hinter sich, werden sie Ihnen erzählen, dass sie dafür auch weniger riskiert haben. Ich weiß gar nicht, wie viele Manager von Beteiligungsfonds mir schon erzählt haben, dass ihre Anlageergebnisse in einem bestimmten Zeitraum nur deshalb unter dem Marktdurchschnitt lagen, weil ihre Kunden nicht wollten, dass sie hohe Risiken eingingen. Bei einem 15-Prozent-Markt seien sie mit 12 bis 13 Prozent vollauf zufrieden, behaupten die Manager. Die Einkünfte seien nicht abgerissen und *das* sei schließlich der Beweis für die Qualität ihrer Arbeit. Humbug! Professionelle Vermögensverwaltung ist – von wenigen Ausnahmen abgesehen – eine Beutelschneiderei ungeheuren Ausmaßes, weil das Produkt die verlangten Gebühren nicht wert ist.

Fondsmanager bedienen sich aber aller möglichen Tricks, damit ihr Publikum glaubt, sie könnten wirklich zaubern. So bietet eine Fondsfamilie zum Beispiel zahlreiche verschiedene Portefeuilles an, die sich hinsichtlich des Anlagestils und des Risikograds unterscheiden. Einige Fonds investieren aggressiv und arbeiten mit kreditfinanzierten Transaktionen und volatileren Aktien, während andere mit umfangreichen Cashpositionen und wenig volatilen Titeln defensiv vorgehen. Wenn der Markt steigt, werden Fonds des erstgenannten Typs zum Aushängeschild, wenn der Markt dagegen sinkt, wird mit denen des zweiten Typs Reklame gemacht. Die ganze schöne Szenerie ist leider nur Schein.

Ein weiterer Trick besteht darin, den Aktienmarkt in Neben- und Standardwerte, Technologie- und konjunkturempfindliche oder Wachstums- und Substanzwerte zu unterteilen, um Verwirrung zu stiften und die Tatsachen zu verschleiern. „Sicher, mein substanzorientiertes Portefeuille liegt unter dem Marktdurchschnitt, aber nur, weil in letzter Zeit Wachstumsaktien im Vorteil waren. Warten Sie nur bis zum nächsten Jahr." Das tun bedauerlicherweise die meisten Anleger. Sie warten und warten, aber wie Godot kommt dieses nächste Jahr niemals.

Stattdessen blättern die Anleger jährlich mehrere Milliarden Dollar hin, nur damit die Fondsmanager ihre Spielchen treiben können. Damit nicht genug: Diese „Profis" gehen abends mit dem angenehmen Gefühl nach Hause, dass sie ein Gewinn für die Gesellschaft sind und ihnen jeder Heller, den sie verdienen, wirklich zusteht. Verstehen Sie mich nicht falsch; ich bin schon der Meinung, dass es einen Bedarf an professioneller Vermögensverwaltung gibt. Ohne sie könnte man pro Jahr leicht mehr als 1 oder 2 Prozent seines Kapitals einbüßen. Aber solange es ein Fondsmanager nicht schafft, den Marktdurchschnitt längere Zeit konstant zu übertreffen, hat er kein Recht darauf, bezahlt zu werden wie ein Superstar.

Was man als Anleger dann tun kann? Meine Lösung ist relativ einfach: Suchen Sie nach den wenigen Managern, die überdurchschnittliche Anlageerfolge vorweisen können und niedrige Gebühren verlangen. Das geht leichter, wenn Sie Morningstar oder Value Line abonnieren, zwei Quellen, die die Ergebnisse von Investmentfonds bewerten und die jährlichen Gebühren der Manager angeben. Wenn Sie sich das nicht leisten können, informieren Sie sich in der örtlichen Bücherei über die Fonds. Wenn Ihnen das alles zu anstrengend vorkommt, ist die beste Alternative, einfach in einen Indexfonds zu investieren und auf gleicher Höhe mit dem Markt zu bleiben, statt jährlich 1 bis 2 Prozent zu verschenken. PIMCO bietet einen Indexfonds namens „StocksPLUS" an, der den Aktienmarkt nicht nur kopiert, sondern die Performance des S&P 500 dank der aktiven Verwaltung von kurzfristigen Schuldtiteln, die als Sicherheiten für S&P-Terminkontrakte fungieren, jährlich um 1 Prozent übertroffen hat. Wenn Ihnen das nicht zusagt, probieren Sie es mit dem Index 500 von Vanguard. Auf lange Sicht werden Sie diese zwei Ausnahmefonds nicht übertreffen können und, wie gesagt, wahrscheinlich sogar sehr viel schlechter fahren.

Spieler brauchen langen Atem

Das Letzte und vielleicht Wichtigste, was ich in Las Vegas lernte, war, langfristig zu denken. Es mag erstaunlich wirken, dass ich diese Lektion ausgerechnet in der Stadt der Sofortgewinne lernte, in der schon ein schneller Gewinn an den Spieltischen oder dem Lieblingsspielautomaten ein unmittelbares Erfolgserlebnis beschert und für gute Laune sorgt. Wie auch immer – als ich im Oktober 1966 Las Vegas verließ, um, wie ich hoffte, Marineflieger zu werden, wusste ich, dass ich manches besser hätte machen können – und langfristiges Denken war eines dieser Dinge. Gut, ich hatte Geld verdient – indem ich siebenmal in der Woche 16 Stunden am Tag arbeitete, hatte ich 200 Dollar in 10.000 verwandelt (nach meinem Überschlag ergibt das einen Stundenlohn von etwas über 5 Dollar, was etwa dem heutigen Mindestlohn entspricht!). Aber ich hatte viel Zeit damit verschwendet, von einem Tisch an den anderen zu wechseln, auf einen Croupier zu warten, der mir „Glück bringen" würde, oder einfach herumzusitzen und zu schmollen, wenn ich in den letzten Stunden Verlust gemacht hatte. Ich hatte zwar gewusst, dass ich mein Geld schneller vermehren würde, wenn ich es länger für mich arbeiten ließe – indem ich spielte –, aber ich hatte dieses Wissen nicht in die Tat umgesetzt. Ich machte mir so große Sorgen um die nächste Zukunft, dass ich es versäumte, die langfristigen Chancen zu nutzen, die dank meiner Kartenzählmethode immer günstig für mich standen.

Diese Lehrstunde habe ich jedoch nie vergessen. In meiner Anfangszeit als Portefeuillemanager, Anfang der 70er-Jahre, machte ich die Erkenntnis dieses Fehlers zum Eckpfeiler meiner Investmentphilosophie: *Investiere auf lange Sicht.* Die kurzfristigen Bewegungen oder Verirrungen des Marktes dürfen dich nicht davon abhalten, die Welt aus einem säkularen Blickwinkel zu beobachten, der drei bis fünf Jahre erfasst. Vergiss den ganzen kurzfristigen Unsinn. Wen kümmert es, wenn in der Zeitung steht, dass die Anzahl der Wohnneubauten im Juli stark gestiegen ist und die Zinsen deswegen anziehen werden? Wen kümmert es, wenn ein Reporter eines Wirtschaftssenders erzählt, dass die Book-to-Bill-Rate der Halbleiterbranche im August gesunken ist und die High-Tech-Werte angeschlagen sind? Ich bin zwar nicht der Meinung, dass Sie solche Informationen ignorieren sollten, aber sie sind nur kleine Steinchen in einem riesigen Mosaik – einem Mosaik, das Sie zusammensetzen und interpretieren müssen, denn es stellt die langfristige Perspektive der Weltwirtschaft und der Finanzmärkte dar. Vielleicht haben Sie nicht genug Zeit, um das Mosaik selbst zusammenzusetzen, und in diesem Fall sollten Sie Ihre Vermögenskategorien und Investmentfonds in Übereinstimmung mit dem in diesem Buch beschriebenen Butler-Creek-Szenario wählen. Wenn Sie doch genug Zeit haben, setzen Sie die Teile so zusammen, dass sie ein stimmiges Bild ergeben, das mindestens drei Jahre einschließt. Tun Sie das nicht, so spielen Sie dem Kasino in die Hände und können sicher sein, dass Sie nicht mit heiler Haut davonkommen. Und so etwas tut weh, wie General Custer und meine Wenigkeit selbst herausfinden durften.

9. Wie man „Noise" verkauft

Volatilität interpretieren und richtig mit ihr umgehen

„Fröhliche Weihnachten, Onkel, Gott schütze dich!" rief da eine heitere Stimme. „Pah", sagte Scrooge, „dummes Zeug! ... Der Henker hole die fröhlichen Weihnachten! Was ist Weihnachten für dich anderes als eine Zeit, in der du Rechnungen bezahlen sollst, ohne Geld zu haben." ... „Weihnachten ist eine gute Zeit", antwortete der Neffe, „eine gütige Zeit, die Zeit der Vergebung und Barmherzigkeit ..."

Charles Dickens, *Ein Weihnachtslied*

„Spendet für die Bedürftigsten" – so lautete im letzten Dezember eine Anzeige auf der fünften Seite der *New York Times*. Die Anzeige diente als Seitenfüller und sollte um Unterstützung für die alljährliche Wohltätigkeitskampagne der *Times* werben, drückte aber sicher auch ein ehrlich empfundenes weihnachtliches Gefühl aus. Je mehr ich darüber nachdachte, desto mulmiger wurde mir – nicht weil ich mich schuldig gefühlt hätte, sondern wegen der geistigen Unruhe, die mich gewöhnlich befällt, wenn klare Antworten auf moralische und praktische Fragen ausbleiben. Was sollte man da spenden? Und wem? Je länger ich überlegte, desto weiter war ich von einer Antwort entfernt.

Wer sind eigentlich „die Bedürftigsten"? Natürlich Obdachlose, die Somalis, Aidskranke, Opfer von Misshandlungen, verwahrloste Kinder. Mein Gott, Bill, die Antwort liegt so nahe. Nur jemand wie Scrooge könnte abstreiten, dass diese Menschen bedürftig sind und dass sie Fürsorge, Liebe und ein Zuhause brauchen, damit sich ihr Leben zum Besseren wenden kann. Nieder mit Scrooge! Es lebe die Menschlichkeit!

Aber vielleicht ist die Sache doch nicht so einfach. Würden Sie zum Beispiel in einer Welt mit begrenzten Ressourcen Hilfsmöglichkeit „A" oder „B" wählen, wenn Sie sich zwischen beiden entscheiden müssten:

A   genug Nahrungsmittel, um alle hungernden Menschen auf der Welt ein Jahr lang zu ernähren

B   landwirtschaftliche Geräte und Maschinen, Bewässerungssysteme und professionelles Know-how, um in Zukunft mehr Nahrungsmittel anzubauen

Viele würden sich für Möglichkeit „A" entscheiden, sowohl aus Mitleid als auch aus der Überlegung heraus, dass man Menschen schlecht helfen kann, wenn sie bereits tot sind. Zweifellos korrekt. Aber wie sieht es mit „B" aus? Sollen wir als Helfer immer von einer Krise zur nächsten springen, von Bangladesch nach Äthiopien, von dort nach Somalia und so weiter, immerzu nur Feuer löschen, ohne auch an den Brandschutz zu denken? Auch auf „B" sollten einige Stimmen entfallen.

Verfolgen wir die Angelegenheit noch etwas weiter. Stellen Sie sich vor, Sie wären der Treuhänder einer Stiftung, deren Mittel nur reichten, um ein humanitäres Projekt zu unterstützen. Sie sind von zwei Menschen um Hilfe gebeten worden. Auf der einen Seite steht Mutter Teresa, die ihr Leben den Bedürftigen gewidmet hat, unermüdlich zum Wohl der kranken und hungerleidenden Menschen in Indien arbeitet und der ganzen Welt als leuchtendes Beispiel für Nächstenliebe und Mitgefühl dient; auf der anderen steht ein linkischer, introvertierter Wissenschaftler namens George McScrooge, der für Grains Are Us arbeitet. Er ist nirgends beliebt und kann auch nicht besonders gut mit Menschen umgehen, aber er ist hochmotiviert und von dem Wunsch beseelt, eine trockenheitsresistente Weizensorte zu entwickeln, die die Welt ernähren kann – und er steht kurz vor dem Durchbruch.

Für wen stimmen Sie? Mutter Teresa rettet die Lebenden, McScrooge vielleicht kommende Generationen. Beide helfen auf ihre Weise einer bestimmten Gruppe von Menschen. Ich weiß die Antwort nicht. Ich weiß nur, dass sich jeder von uns auf dieser Welt seinen eigenen Weg sucht und ihn dann beschreitet. Für Außenstehende mag es so aussehen, als ob diese Wege im Nirgendwo enden, doch für andere führen sie zu einem großen Ziel. Vielleicht gelangt man letztlich auf allen Wegen an denselben Ort. Vielleicht ist auch Mutter Teresa, McScrooge und jedem sonst, der jemals von Herzen etwas gespendet hat, die gleiche Art der Unsterblichkeit vorbehalten. Ich wünschte, ich wüsste es, aber leider weiß das nur Gott. Für uns Sterbliche sind Spenden „für die Bedürftigsten" keine einfache Angelegenheit.

Bei Gefahr Ruhe bewahren!

Der Zwang zur Entscheidung zwischen der Gegenwart und der Zukunft erinnert mich an das Dilemma, dem Vermögensverwalter gegenüberstehen, wenn sie die Volatilität des Anleihe- und Aktienmarktes messen. Die derzeitigen Techniken zur Messung der Volatilität beruhen auf der Annahme, dass die Zukunft der aktuellen Marktlage ähneln wird, doch das ist nicht notwendigerweise der Fall. Die Märkte können mehr oder weniger volatil sein und der Wert vieler Anlagen hängt unmittelbar von den Folgen dieser Volatilität ab. Wer sich ausschließlich auf die Gegenwart konzentriert, lässt unter Umständen zukünftige Vorteile außer Acht, die noch größere Gewinne einbringen würden. Dieses Kapitel wird Ihnen aufzeigen, wie Sie in Zukunft Erträge abschöpfen können, die sich aus Fehlspekulationen professioneller Marktteilnehmer ergeben.

Wenn jemand veranschaulichen will, wie volatil die Märkte sein können, muss er nur den Oktober 1987 erwähnen, der bei allen späteren Berg- und Talfahrten der Börse Pate stand. Ich erinnere mich noch an den Tag und obwohl ich Anleihen verwaltete und nicht für Aktien zuständig war, fesselten mich die

Ereignisse. Am Freitag zuvor hatte der Markt tiefer geschlossen und in der letzten Stunde etwa 100 Punkte verloren, weswegen ich schon sehr gespannt war, als ich am Montagmorgen um 5 Uhr aufwachte. (Der Aktienmarkt eröffnet hier in Kalifornien um 6:30 Uhr, da muss man schon mit den Hühnern aufstehen, wenn man nicht den ganzen Börsentag verpassen will!) An diesem Tag ging ich früh zur Arbeit, aber ich weiß nicht mehr genau, warum. Meine Kollegen und ich saßen einfach nur vor den Bildschirmen und waren wie hypnotisiert von dem Kurssturz. Da erlebte ich nun einen der dramatischsten Börsencrashs der Geschichte und saß untätig herum. Das scheint zwar ganz gut zu jemandem zu passen, der mit einer langfristigen, säkularen Perspektive arbeitet, aber es war auch sicher, dass der Crash langfristige Konsequenzen für den Anleihemarkt haben würde: Wenn ein Sturz des Dow um 500 Punkte eine erheblich schwächere Konjunktur bedeutete, würde der Anleihemarkt wahrscheinlich davon profitieren. Trotzdem tat ich den ganzen Tag lang nichts; vom Absturz des Dow wie gebannt, verpasste ich die Chance, Millionen zu verdienen, als sich der Anleihemarkt später wieder erholte.

Ich gebe zu, ich *hasse* Volatilität. Sie bewirkt, dass ich zur falschen Zeit das Falsche tue. Ist der Markt volatil, wache ich mitten in der Nacht auf und grüble darüber nach, was wohl am nächsten Morgen passieren wird. Wenn dann tatsächlich etwas passiert, tue ich gewöhnlich genau das Falsche. Außerdem steht außer Zweifel, dass die Volatilität am Anleihemarkt seit etwa einem Jahrzehnt höher ist als in den 60er- und 70er-Jahren. Dies geht aus Abbildung 9-1 hervor, die ich Ed Hyman von ISI Group verdanke. Zumindest in den letzten Jahren war die Volatilität jedoch durch eine recht enge Zinsspanne begrenzt: Die Zinsen betrugen in den letzten fünf Jahren fast durchweg 6 bis 8 Prozent. Die Gründe für diese geringe Bandbreite haben mit dem Ursprung des Butler-Creek-Szenarios zu tun sowie mit der Tatsache, dass die Konjunktur selbst seit einiger Zeit weit weniger volatil ist als in den 60ern und 70ern, wie Abbildung 9-2 verdeutlicht.

Abbildung 9-1.
Verzinsung 30-jähriger US-Schatzanleihen, 1960 – 1996
(monatliche Schwankung in Prozent)

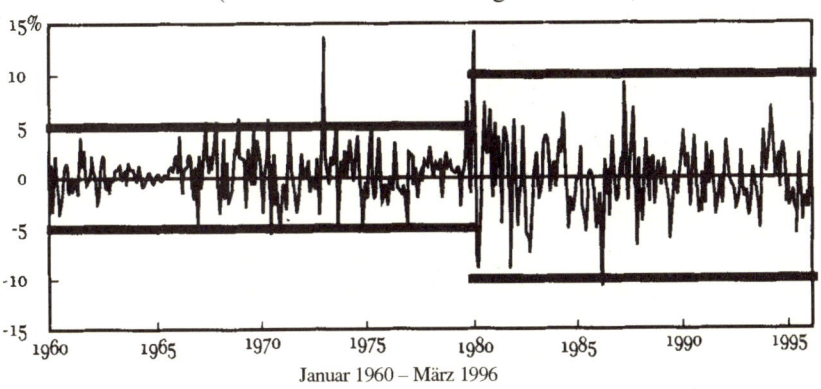

Januar 1960 – März 1996

(Quelle: ISI Group)

Die Volatilität der letzten Jahre, die die Anleger daran hat zweifeln lassen, dass Anleihen sinnvolle Investitionen darstellen, ist also nicht auf wirtschaftliche Faktoren zurückzuführen, sondern darauf, dass die Anleiheinhaber ihren eigenen Alptraum haben wahr werden lassen. Es gibt keinen Kommentator oder Experten im Fernsehen, der die Meinung vertritt, dass der Markt in Zukunft nicht volatil sein wird. Die Prognosen dieser Leute bewahrheiten sich in der Regel, was jedoch an den Freischärlern und nicht an den wirtschaftlichen Rahmendaten liegt.

Abbildung 9-2.
Reales BIP der USA, 1960 – 1996
(Differenz zum entsprechenden Quartal des Vorjahres in Prozent)

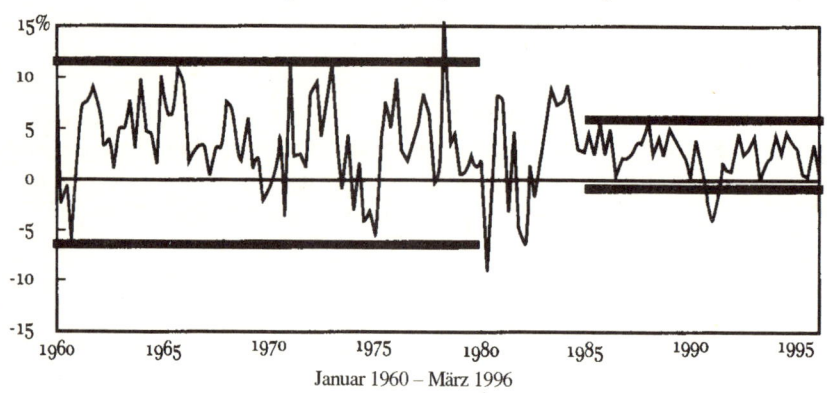

Januar 1960 – März 1996

(Quelle: ISI Group)

Das unspektakuläre Butler-Creek-Szenario bedeutet nicht, dass die Volatilität verschwunden ist, aber sehr wohl, dass sie in Zukunft von der Konjunktur in engen Grenzen gehalten werden wird und dass sich die Verzinsung von langfristigen US-Schatzanleihen bis zum Jahr 2000 innerhalb einer Spanne zwischen 5 und 7 Prozent bewegen wird. Auf ein solches Szenario sind andere Vermögensverwalter nicht eingestellt und es bieten sich Gelegenheiten, auf die ich in diesem Kapitel noch näher eingehen werde.

Wie man „Noise" verkauft

Wenn ich auch den fundamentalen Faktoren, die Volatilität erzeugen, relativ wenig Bedeutung beimesse, muss ich doch anerkennen, dass die Volatilität für die Strategie am Anleihemarkt eine sehr wichtige Rolle spielt. Wer eine Anleihe erwirbt, *kauft* oder *verkauft* damit Volatilität. Da beinahe alle Anleihen am Markt mit Optionen verbunden sind, ist eine richtige Position in Bezug auf die Marktvolatilität entscheidend. Die meisten Industrieanleihen zum Beispiel sind mit Kaufoptionen verbunden. Eine 30-jährige Industrieanleihe kann vom Emittenten gewöhnlich innerhalb von fünf bis zehn Jahren gekündigt oder umgeschuldet werden. Das bedeutet, dass das Unternehmen das Recht hat, die Anleiheinhaber auszuzahlen, wenn es will. In diesem Fall hat man im Prinzip eine Option verkauft, was bedeutet, dass man dem Emittenten Volatilität verkauft hat. Wenn die Zinssätze stark rückläufig sind – wenn also der Markt volatil ist –, verliert man seine hochverzinslichen Schuldtitel, sobald sie gekündigt werden.

Dasselbe passiert am Hypothekenmarkt, wenn Millionen von privaten Hausbesitzern ihre Option, ihre Hypothek vorzeitig zu tilgen und durch eine mit niedrigeren Zinsen zu ersetzen, ausüben beziehungsweise ungenutzt lassen. Die Durchschnittslaufzeiten von Hypotheken sind extrem flexibel und verändern sich mit der Geschwindigkeit eines Geparden, der eine Gazelle verfolgt, je nachdem, wie wahrscheinlich es ist, dass Hausbesitzer ihre Hypotheken vorzeitig tilgen können. Diese verhängnisvolle Volatilität war es, die das kalifornische Orange County (den Bezirk, in dem ich lebe) in den Ruin trieb – natürlich in Verbindung mit einer hohen Verschuldung.

> DER SCHLAUE ANLEGER:
> ## Wie Optionen funktionieren
>
> Eine Option gibt dem Käufer das Recht – aber nicht die Verpflichtung –, ein Wertpapier innerhalb eines festgelegten Zeitraums zu einem bestimmten Kurs zu kaufen oder zu verkaufen. Das ist schwer zu verdauen, oder? Ich habe an der Wirtschaftsakademie mehrere Monate gebraucht, um es völlig zu begreifen. Die Hauptsache ist, dass beim Kauf einer Option der potenzielle Verlust nicht größer sein kann als die bezahlte Prämie. Auf der anderen Seite ist der potenzielle Verlust beim Verkauf einer Option weit größer, in manchen Fällen sogar unbegrenzt.
>
> Damit sieht es so aus, als ob der Vorteil auf Seiten des Käufers und nicht des Verkäufers einer Option läge. Der Optionskäufer erwirbt im Grunde eine Art Lotterielos: Der Käufer kann nur 2 Dollar verlieren, während der Jackpot Millionen einbringen kann. Aber glauben Sie wirklich, dass die Lotterie letzten Endes Verlust machen kann? Wenn die Lose teuer genug sind (und sie sind es meiner Meinung nach, wie Sie in diesem Kapitel lesen werden), werden langfristig gesehen die Losverkäufer – also die Optionsverkäufer – die eigentlichen Gewinner sein.

Sie fragen sich vielleicht, was Inhaber von Anleihen oder Hypothekentiteln davon haben, wenn sie beim Kauf eines Titels jedes Mal alle diese Optionen gewähren und Volatilität verkaufen. Der Vorteil besteht in einer höheren Verzinsung. Die Zinsen kündbarer Industrieanleihen betragen durchschnittlich 0,5 Prozent oder 50 Basispunkte mehr als die nicht kündbarer Schuldtitel. Und die Zinssätze von Hypothekentiteln der staatlichen Hypotheken- und Pfandbriefanstalt, die vom amerikanischen Staat gesichert werden (GNMAs), sind 1 Prozent oder 100 Basispunkte höher als die von US-Schatzpapieren vergleichbarer

Laufzeit. Das meine ich, wenn ich davon spreche, dass Volatilität verkauft wird. Man „verkauft" sie und bekommt dafür mehr Zinsen auf seine Anleihen. Im Fall dieser kündbaren Industrieanleihen beziehungsweise dieser hypothekarisch gesicherten Wertpapiere verkauft man im Prinzip eine Kaufoption. Man erlaubt es dem Emittenten, das Papier genau zum falschen Zeitpunkt zu kündigen. Andere Titel sind jedoch mit impliziten Verkaufsoptionen verbunden und zwingen zum Kauf von weiteren Wertpapieren zu einem höheren Kurs.

Die Frage ist natürlich, ab welchem Punkt der Zinsvorteil groß genug ist, wenn man eine bestimmte Volatilität zugrunde legt. Hier sind die Computerexperten gefragt, die Millionen von Berechnungen anstellen, um herauszufinden, was angemessen ist und was nicht. Dazu ist der Otto-Normalverbraucher zwar nicht in der Lage, aber es gibt immerhin ein oder zwei Grundprinzipien zu bedenken. Das erste ist, dass die meisten Anleihemanager bei der Bewertung von Anleihen die Volatilität zwar zurecht berücksichtigen, aber den Fehler begehen, das Ausmaß der Volatilität zu überschätzen. Das führt dazu, dass in ihren Portefeuilles Staatsanleihen zuungunsten von nicht staatlichen Papieren unweigerlich das Übergewicht bekommen. Die Manager erwerben Papiere, die auf der Zinsertragskurve überbewertet sind, aber nach Meinung der Manager ihre niedrigere Verzinsung in einem volatilen Marktumfeld rechtfertigen. Ich werde das gleich erklären.

Vermögensverwalter können zur Messung von Volatilität beliebige Zeiträume in der Vergangenheit betrachten, aber die gebräuchlichste Zeitspanne umfasst zehn bis neunzig Tage. Der Wert von Optionen und Anleihen mit optionsartigen Merkmalen spiegelt die Tatsache wider, dass die zuletzt aufgetretene Volatilität in die Zukunft projiziert wird. Ein einfaches Beispiel: Wenn der Dow-Jones-Industrials-Index im letzten Monat um 200 Punkte gefallen wäre, dann würden die aktuellen Kurse von Aktienoptionen wahrscheinlich die Erwartung reflektieren, dass der Dow Jones in einem ähnlichen Zeitraum in der Zukunft um 200 Punkte nach oben oder unten ausgelenkt würde.

Diese Annahme ist jedoch falsch. Vermögensverwalter und viele Akademiker gehen davon aus, dass Volatilität vom Zufall abhängig ist – ein Aspekt der sogenannten Theorie der Markteffizienz. Tatsächlich sind aber größeren Kursbewegungen fundamentale wirtschaftliche und politische Grenzen gesetzt. Wenn die Zinsen auf langfristige US-Schatzanleihen in den nächsten drei Monaten von 9 auf 10 Prozent schnellten, würde die klassische Optionstheorie besagen, dass die langfristigen Anleihen im folgenden Zeitraum wahrscheinlich die gleiche Kursvolatilität (nach oben oder unten) zeigen und sich innerhalb einer Spanne von 10 bis 11 oder von 10 bis 9 Prozent bewegen würden. Der Haken an dieser Theorie ist jedoch, dass die 10-prozentige Verzinsung an sich schon ausreicht, um das Wirtschaftswachstum zu verlangsamen und die Zinssätze wieder zurückgehen zu lassen. Das 11-Prozent-Szenario, das nach der reinen Optionstheorie genauso wahrscheinlich wäre wie das 9-Prozent-Szenario, wird damit aus wirtschaftlichen und politischen Gründen weniger wahrscheinlich als sein abwärts gerichtetes Gegenstück.

Zur Überbewertung der Volatilität von Optionen kommt es also, weil die Spitzen am oberen und unteren Ende kein Zufallsprodukt sind und daher wahrscheinlich gekappt werden. Wenn die Chancen auf ein 11-Prozent-Szenario aufgrund des begrenzten wirtschaftlichen Spielraums geringer sind, hat die Aufwärtsvolatilität eine niedrigere Wahrscheinlichkeit. Mathematische Modelle lassen dies jedoch außer Acht, da die Gründe *subjektiver* und nicht mathematischer Natur sind.

Ein noch überzeugenderes Argument stammt von dem inzwischen verstorbenen Fischer Black, einem der Urheber des Mitte der 70er-Jahre entwickelten ersten Optionsbewertungsmodells. Er prägte den Begriff „Noise", den er sowohl auf die Finanzmärkte als auch auf deren Volatilität anwendete. Nach Black ist Noise als das Gegenteil von Information zu sehen. Wer Aktien oder Anleihen aufgrund von Informationen kauft, hat etwas mit Leuten wie Warren Buffett gemeinsam, dem substanzorientierten Aktienanleger, dessen langfristige Er-

---

WAS EIN ANLEGER WISSEN SOLLTE:
Die Theorie der Markteffizienz

Im Lauf der letzten Jahrzehnte, in denen Akademiker die Wall Street beeinflusst haben, hat die so genannte „Theorie der Markteffizienz" für Aufsehen gesorgt. Im Kern besagt sie, dass die Kurse am Aktien- und Anleihemarkt jederzeit das Wissen und die Erwartungen aller Anleger widerspiegeln. Wer dieser Theorie Glauben schenkt, hält es für sinnlos, nach unterbewerteten Aktien zu suchen oder Trends am Finanzmarkt zu prognostizieren, weil wahrscheinliche zukünftige Ereignisse bereits vom Markt berücksichtigt worden sind und sich jede neue Information unmittelbar in einer Kursveränderung niederschlägt.

Diese Theorie hat eine gewisse Logik, besonders angesichts der weitgehend elektronisierten Märkte der heutigen Zeit mit ihrer Flut von Daten, aber sie lässt die Psyche der Anleger außer Acht. Die Märkte erreichen zwangsläufig Extreme, die Unter- oder Überbewertungen bedeuten, weil der Mensch immer wieder seiner eigenen Gier und/oder Angst zum Opfer fällt. Außerdem machen viele Anleger heute ihre Entscheidungen vom „Momentum" abhängig, das heißt, sie nehmen an, dass sich morgen fortsetzen wird, was heute passiert. Eine solche Verwendung von Informationen ist wohl kaum „effizient" zu nennen und macht es überhaupt erst möglich, Aktien und Anleihen gemäß fundamentalen Gesichtspunkten als billig oder teuer einzustufen.

---

folgsbilanz legendär ist. Ein typisches Beispiel für Leute, die sich beim Kaufen von Aktien oder Anleihen von Noise beeinflussen lassen, sind Terminkontrakthändler auf dem Parkett, die ständig kaufen und verkaufen, oft auf Gerüchte, vermeintliche Trends und Nachrichten hin, die nicht immer relevant sind. Die Einschätzungen der Händler schlagen sich am Markt in Form von verstärkter Handelstätigkeit und Kursbewegungen nieder, die ohne die Händler normalerweise nicht so groß ausfallen würden. Ein Teil dieser Kursbewegungen hat unter Umständen gar nichts mit der fundamentalen Information zu tun, sondern zeugt nur von den Winkelzügen der Parketthändler, die versuchen, die Konkurrenz auszumanövrieren. Dies bezeichnet der Begriff „Noise".

Black vertritt nun die Auffassung, dass „Noise" die Effizienz des Marktes zerstört. „Noise" erzeugt im Grunde ineffiziente Märkte, die sich sogar dann bewegen, wenn keine neuen Informationen vorhanden sind. Doch gerade dies ermöglicht es gewieften Portefeuillemanagern, den Wert der Portefeuilles ihrer Kunden zu steigen. In einem 1986 im *Journal of Finance* erschienenen Artikel beschränkt sich Black bei seiner Erklärung von „Noise" auf die unangemessene Bewertung von Aktien mit niedrigem statt hohem Kurs, aber er lässt auch die Möglichkeit einer falschen Bewertung von Optionen offen. Er schreibt: „Aufgrund von ‚Noise' am Markt ... ist die kurzfristige Volatilität des Kurses stets größer als die kurzfristige Volatilität der Substanz." Wenn das wahr ist, dann erzeugen Vermögensverwalter, die zur längerfristigen Bewertung von Optionen mit kurzfristigen Volatilitätsprognosen arbeiten, systematisch Optionskurse, die übertrieben hoch sind. Die Kurse der Optionen sollten niedriger sein, da sich hinter „Noise" keine Substanz verbirgt. Diese Unterscheidung zwischen kurz- und längerfristiger Bewertung ist wichtig, denn die meisten optionsartigen Merkmale von Anleihen (Kündigungen durch Firmen, vorzeitig getilgte Hypotheken und bestimmte Terminkontrakte) sind längerfristiger Natur, die entsprechenden Kurse scheinen jedoch aufgrund der Volatilität der letzten zehn bis neunzig Tage festgelegt zu werden.

Wie können sich Anleger diese unangemessenen Kurse zunutze machen? Substanz kann man, wie Black sagen würde, je nach Kurs kaufen oder verkaufen. In Anbetracht des oben Erläuterten scheint es jedoch nicht verfehlt, wenn wir unsere Strategie darauf ausrichten, „Noise" zu verkaufen. „Noise" ist langfristig gesehen relativ wenig wert und sich davon zu trennen ist nur sinnvoll. Volatilität kann man kaufen, wenn die Bedingungen stimmen, aber „Noise" sollte immer verkauft werden. Das bedeutet für mich, dass unter gleichen Voraussetzungen hypothekarisch gesicherte Wertpapiere und in manchen Fällen auch Industrieanleihen vorzuziehen sind, obwohl letztere mit so vielen Optionen verbunden sind, dass sich Substanz und „Noise" oft nur schwer unterscheiden lassen. In beiden Sektoren gibt es Optionen, die der Käufer praktisch dem Emittenten verkauft. Wenn diese Optionen aufgrund der wirtschaftlichen Rahmendaten nur innerhalb einer bestimmten Spanne schwanken können und wenn ihre Bewertung diesen Umstand nicht wiedergibt – also von „Noise" geprägt ist – wird der Kauf von Hypothekentiteln und kündbaren Industrieanleihen in einem Butler-Creek-Szenario vorteilhaft sein.

In gewisser Hinsicht ist diese Strategie das Gegenteil der seit dem Crash im Oktober 1987 berüchtigten „Portefeuilleversicherung". Damals versuchten Marktteilnehmer, die Schwankungen ihrer Portefeuilles zu minimieren, indem sie Verkaufs- und Kaufoptionen auf den Aktienmarkt selbst kauften. Diese Theorie ging solange auf, bis der Markt derart volatil wurde, dass die Teilnehmer nicht mehr schnell genug reagieren konnten. „Noise" – beziehungsweise die Panik der Händler – hatte ihre Methode unwirksam gemacht. Die Anleger, die mit der Portefeuilleversicherung arbeiteten, kauften „Noise". Seit einigen Jahren ist es nun aber so, dass wir „Noise" verkaufen.

Wenn Sie auf den Anleihe- und Finanzmärkten der späten 90er-Jahre Erfolg haben wollen, sollten Sie dieses Prinzip – den Verkauf von „Noise" – verstehen. Was festverzinsliche Wertpapiere angeht, sollten Sie sich in der Tat auf die Zinssätze und nicht auf die Kursbewegungen konzentrieren, da „Noise" für eine übertrieben hohe Verzinsung sorgen wird. Das bedeutet nicht notwendigerweise, dass Sie sich mit hochspekulativen Anleihen eindecken, sondern dass Sie, wie oben erwähnt, in großem Umfang kündbare Industrieanleihen und hypothekarisch gesicherte Papiere kaufen. In der Butler-Creek-Welt mit ihrem geringen Wachstum und ihrer Gesamtrenditen von 6 Prozent ist kaum zu befürchten, dass viele Hypotheken vorzeitig getilgt werden oder Unternehmen plötzlich Umschuldungen vornehmen.

10. Erinnerungen an Afrika

Derivate und die Natur von Risiken

Wenn ich ein Lied über Afrika sänge,
über die gefleckte Giraffe, die lachende Hyäne
über die feurige Sonne, die dem Tag entgegen steigt
mit einer Stille, die des Löwen Abendmahl vergessen lässt;
würde Afrika ein Lied über mich singen?

Wenn ich mich einmal an Afrika erinnere,
die Braut an meiner Schulter
den Schatten eines Leoparden verfolgend
– Menschenaugen und Nikon-Blende weit offen –
eindringend in das einsame Leben vergessener Vorfahren;
würde sich Afrika jemals an mich erinnern?

Wenn ich eine Geschichte über Afrika wüsste,
die einen verschwindenden Kontinent für einen Moment festhielte
flüchtig – weil kürzer als die Herrschaft der Erde;
wüsste dann, zumindest bis zu seinem Tod im Staub,
Afrika eine Geschichte über mich?

Ich danke Isak Dinesen sowie meiner Frau Sue für die Inspiration zu diesem Gedicht.

Wie Sie aufgrund meines Gedichtes vielleicht schon vermutet haben, reise ich nach Afrika, und seitdem ist Afrika ein Teil von mir. Afrika – vielleicht die Wiege der Zivilisation, wenn nicht gar des Lebens an sich – wirft ein etwas schauriges Licht auf die gesamte Geschichte des Lebens und sogar auf dessen Sinn. Dieser Kontinent, in dem es „fressen oder gefressen werden" heißt, ist auf eine eigentümliche Weise schön – brutal, aber gerecht, scheinbar erbarmungslos und doch auch voller Liebe. Afrika beschreibt für mich, wie ich mein Leben sehe. Ich habe mich selbst in Afrika erkannt und aus meinem persönlichen Blickwinkel auch Sie.

Der Überlebenskampf der Menschheit ähnelt sehr demjenigen, der auf der Masai-Mara-Ebene in Kenia stattfindet; er ist natürlich „zivilisierter" und auf der Liste der Prioritäten steht das Sattwerden nicht mehr ganz oben, aber der tägliche Kampf vollzieht sich im Großen und Ganzen noch so wie vor Jahrhunderten. Ich frage mich oft, ob wir als Spezies große Fortschritte gemacht haben – ob unsere Zivilisation eher auf Öl, Elektrizität und Computerchips beruht als auf unserer Entwicklung zu einer höheren Lebensform. Wenn unser zartes Netz aus Handelsbeziehungen plötzlich zerrisse, würde sich das Verhalten unserer Gesellschaft dann so verändern, dass erst jede Familie und dann jeder Einzelne nur an sich denken würde? Ich halte das für möglich. Wenn ein Löwe satt ist, kann er so passiv sein wie eine Hauskatze im 20. Jahrhundert; wenn er Hunger hat, wird er zum Jäger. Möglicherweise ist der einzige Unterschied zwischen „uns" und „ihnen", dass wir gelernt haben, wie man dafür sorgt, dass der Kühlschrank immer voll ist. Alle unsere egozentrischen Definitionen des Menschengeschlechts, die auf unserer Fälligkeit zu lieben, Gefühle zu haben, zu lachen und zu beten basieren, sind vielleicht so oberflächlich, dass sie nur gelten, solange zwischen einer Mahlzeit und der nächsten nicht mehr als 24 Stunden liegen. Deswegen habe ich auch Sie in Afrika gesehen – direkt an meiner Seite.

Ob Afrika sich an mich erinnern wird? Genauso gut könnte ich fragen, ob irgendetwas, das wir auf dieser Erde tun, bleibende Wirkung hat oder ob unser Handeln niemals über unser vergängliches Leben hinausreicht. Einer der Aspekte, in denen wir uns jedoch zweifellos von den Tieren unterscheiden, ist unser Wissen um die Tatsache, dass wir eines Tages sterben werden. Dieses Bewusstsein erhebt uns über die Tierwelt, obwohl wir noch wie der Löwe von der Alternative „fressen oder gefressen werden" geprägt sind. Aufgrund dieses Bewusstseins hoffen wir, dass wir durch unsere Kinder und unsere guten Taten weiterleben werden. Wir wollen glauben, dass wir etwas bewirkt haben. Aber wird am Ende unseres Lebens irgendjemand oder irgendetwas von unserem Dasein auf Erden profitiert haben? Ich weiß nicht, ob es einen großen Plan gibt, dem unser Leben folgt, aber ich hoffe es – und sei es nur um unseren kostbaren Momenten des Glücks und den immer wiederkehrenden Stunden der Verzweiflung Sinn zu verleihen.

Anleihen und was aus ihnen werden kann

Eine meiner ersten Tätigkeiten bei der Pacific Mutual Life Insurance Company im Jahr 1971 bestand darin, im riesigen Kellergewölbe eines Bürogebäudes im Zentrum von Los Angeles das Abtrennen von Anleihekupons zu überwachen. Wir benutzten dazu keine Schere, sondern rissen die Kupons einfach von den Anleihen ab wie Briefmarken von einem Bogen. Die Kupons wurden den Emittenten der Anleihen dann per Post zugeschickt, um fristgerechte Zinszahlungen zu ermöglichen. Unsere Arbeit war wie 100 Jahre zuvor der Pony-Express in seiner Endphase: Altmodisch, unzeitgemäß und reif für eine Revolution. Im Lauf der nächsten 25 Jahre entwickelte sich das Anleihemanagement weg vom passiven Abtrennen von Kupons und hin zum hyperaktiven Handel und zum täglichen Umschlag von Finanzterminkontrakten auf dem Parkett der Chicagoer Warenbörse. Vergleichen Sie das Bild eines Büroangestellten mit Buchhalterbrille, der 1971 Anleihekupons sammelte, mit dem eines 1,93 m großen Händlers, der 1996 an der Chicagoer Warenbörse lautstark Kauf- und Verkaufsaufträge erteilte, und Sie werden verstehen, warum ich von einer Revolution spreche.

Diese dramatischen Veränderungen, zu denen auch neuartige Finanzpapiere und technische Innovationen zur Erleichterung des Handelsverkehrs gehören, waren im Großen und Ganzen eine Bereicherung in der Investmentwelt. In der Tat könnten die Tendenz zur Globalisierung des Handels, der Abbau von Handelsbarrieren und der rasante wirtschaftliche Fortschritt von Schwellenländern zu einem großen Teil auf diese revolutionäre Entwicklung der Finanzmärkte zurückzuführen sein. Wirtschaftswachstum und Finanzwesen sind untrennbar miteinander verbunden; das eine kann nicht ohne das andere existieren. Doch in letzter Zeit haben sich Klein- und Großanleger sowie verschiedene Regulierungs- und Regierungsbehörden auf eine breit gefächerte Gruppe von Finanzpapieren eingeschossen – die so genannten „Derivate". Manche sprechen von Derivaten so, wie man früher von der Pest sprach; „Bleibt mir vom Leib!" heißt die Devise. Manche Kunden entziehen Vermögensverwaltern, die mit Derivaten arbeiten, ihr Geld – selbst wenn sie damit viel verdient haben.

Was sind nun diese Derivate und warum sind sie plötzlich bei jedermann in Ungnade gefallen? Ein Derivat ist ein Finanzinstrument, das entweder die Wertentwicklung einer Anleihe abbildet oder sogar ein Teil der Anleihe selbst ist. Finanzterminkontrakte, wie es sie seit Ende der 70er-Jahre gibt, gelten zum Beispiel als Derivate, weil sie Kontrakte sind, die zur Lieferung von Anleihen am Verfallstag verpflichten, an sich aber keine Anleihen sind. Rentenoptionen weisen ähnliche Merkmale auf, ebenso die so genannten Zins-Swaps, bei denen

---

DER SCHLAUE ANLEGER:
Hypothekenderivate

Die meisten Derivate entstehen dadurch, dass ein Wertpapier aufgegliedert und stückweise verkauft wird. Auch Hypothekenderivate entstehen auf diese Weise. Eine Investmentbank legt einen großen Hypothekenpool an, der zum Beispiel 1.000 Wohnungsbaudarlehen aus verschiedenen Teilen des Landes umfasst. Dann teilt sie die 1.000 Darlehen in numerische Kategorien ein, die die monatlichen Kapitalrückzahlungen und Zinsleistungen (sowie eventuelle Tilgungen) im gesamten Pool widerspiegeln. Die ersten 24 monatlichen Zahlungen könnten beispielsweise zu einem Derivat zusammengefasst werden, das als besicherte Hypothekenobligation bekannt ist. Ein Anleger, der eine solche besicherte Hypothekenobligation kauft, bekommt ein sehr kurzfristiges Papier mit recht klar definierter Laufzeit. Die späteren Zahlungen – beispielsweise die in den Monaten 268 bis 280 - sind jedoch nicht so sicher. Wenn ein Anleger diese Tranche erwirbt, werden unter Umständen viele der 1.000 Hypotheken im Pool vorzeitig getilgt, bevor der 268. Monat erreicht ist. In diesem Fall würde ein Anleger, der auf eine längere Laufzeit gesetzt hätte, bitter enttäuscht und der Wert der besicherten Hypothekenobligation nähme ab.

der Ertrag einer (meist festverzinslichen) Anleihe gegen die Zinszahlung aus einer anderen (gewöhnlich variabel verzinslichen, deren Verzinsung von Veränderungen der Sätze im kurzfristigen Bereich abhängig ist) getauscht wird. Außerdem gibt es so genannte besicherte Hypothekenobligationen, bei denen ein Pool aus gewöhnlichen Hypothekdarlehen in verschiedene Tranchen aufgeteilt wird, damit die Durchschnittslaufzeit der Hypotheken klarer definiert ist.

Richtig eingesetzt, befähigen fast alle diese Anlagemedien ihre Besitzer, sich gegen das Risiko von Zinsschwankungen abzusichern oder dieses Risiko zu lenken. Einige von ihnen können das Risiko *reduzieren*, wobei die Rendite *abnimmt*; andere dagegen können das Risiko *erhöhen* und somit *höhere* Renditen ermöglichen. Keines von ihnen ist an sich schlecht. Derivate sind mit der Atomenergie vergleichbar: bei richtiger Kontrolle und Entsorgung nützlich, bei unsachgemäßem Umgang verheerend. Wenn zum Beispiel der Verwalter eines Anleihe- oder Aktienfonds sein Marktrisiko verringern will, kann er dies schnell und relativ kostengünstig tun, indem er Finanzterminkontrakte verkauft anstelle weniger liquider Anleihen oder Aktien. Ein Vermögensverwalter kann auch innerhalb von wenigen Minuten in den gesamten Markt investieren, indem er Aktienindex-Futures erwirbt, und dann zu gegebener Zeit einzelne Titel nachkaufen, wenn sie zum passenden Kurs angeboten werden. Ein Inhaber eines Hypothekentitels, der durch vorzeitige Tilgungen unter extremen monatlichen Schwankungen zu leiden hat, aber trotzdem einen Teil der höheren Verzinsung mitnehmen will, die Hypotheken im Allgemeinen mit sich bringen, kann auf ähnliche Weise eine besicherte Hypothekenobligation mit einer geringen Bandbreite an potenziellen Durchschnittslaufzeiten kaufen und so die meisten Nachteile vermeiden, die vorzeitige Tilgungen mit sich bringen.

Die Risiken von Derivaten

Es sind allerdings nicht die Vorteile von Derivaten, die Schlagzeilen gemacht haben. Derivate haben heute einen schlechten Ruf aufgrund der Rolle, die sie beim Bankrott der Regierung des mittlerweile berüchtigten kalifornischen Bezirks Orange County spielten, in dem ich wohne. Skeptiker und Regulierungsbehörden konzentrieren sich möglicherweise zu Recht auf die Risiken. Es gilt, diese Risiken zu analysieren, um entscheiden zu können, ob diese Anlagemedien die Rendite wert sind, mit der geworben wird. Worin die Risiken bestehen? Nun, da gibt es mehrere.

Das *Kreditrisiko* ist das Risiko, dass die Gegenpartei ihrer Zahlungsverpflichtung nicht nachkommt. Bei Derivaten ist gewöhnlich ein Treuhänder, ein Wertpapierhaus, eine Bank oder ein Clearinghouse dafür verantwortlich, dass Zinsen oder Sicherheitsanlagen von einer Partei zur anderen geleitet werden. Wenn zum Beispiel der Kurs eines Finanzterminkontrakts steigt, erhält die „Long-Seite" (der Besitzer des Kontrakts) handelstäglich einen so genannten Nachschuss, den die „Short-Seite" zahlen muss. Ein Clearinghouse oder ein Mittelsmann hat die Aufgabe, das Geld vom Verlierer einzufordern und an den Gewinner auszuzahlen, so dass am Ende jeden Tages alle Konten ausgeglichen sind. Solange das Clearinghouse staatlich reguliert und solvent ist, stellt diese Funktion einen immensen Vorteil für die Benutzer von Finanzterminkontrakten dar. Sie verhindert eine Ansammlung von Schuldscheinen und sorgt dafür, dass alle Parteien zu ihrem Recht kommen.

Es ist jedoch wichtig, die Kreditwürdigkeit jedes Vermittlers zu prüfen und natürlich auch die Rechtskonformität des Kontraktes, der die Verpflichtungen der Parteien festlegt. Manche Banken und Unternehmen, die als Vermittler fungieren, belasten ihre Bilanzen mit Verpflichtungen, die zwar nicht unbedingt versteckt, aber doch schwer zu beurteilen sind und schließlich den Wert des Derivats selbst gefährden können – gleich, ob es sich um einen Zins-Swap, eine Option oder irgendein anderes Finanzderivat handelt. Man kann sicher nicht von jedem Einzelnen verlangen, dass er eine intensive Kreditanalyse durchführt,

---

DER SCHLAUE ANLEGER:

Risikotypen

Für Anleger bedeutet ein Risiko meist die Gefahr, Geld zu verlieren, doch eine andere Art von Risiko tritt auf, wenn Anleger etwas *unterlassen* und ihnen dadurch eine Gewinnmöglichkeit entgeht. Aus Angst vor Risiken der ersten Art sind Anleger oft übervorsichtig; Angst vor Risiken der zweiten Art veranlasst aggressive Anleger oft dazu, sich zu übernehmen, indem sie sich – um ja nicht den Anschluss zu verpassen – Gefahren aussetzen, die sie normalerweise vermeiden würden.

Abgesehen von diesen zwei allgemeinen Arten des Risikos gibt es bestimmte Risikobereiche, die Anleger kennen sollten:

1. *Betriebs- und finanzielles Risiko*: Unternehmen mit erheblichem Betriebsrisiko, die zur Erzielung von Gewinnen einen hohen Fremdkapitalanteil benötigen (also hohe Fixkosten wie Zinsaufwand, Pachtgebühren usw.) sind bei einem Konjunkturabschwung anfällig. Das finanzielle Risiko, das mit einer solchen finanziellen Hebelwirkung verbunden ist, entspricht den Verbindlichkeiten, die in der Bilanz eines Unternehmens erscheinen: je mehr, desto riskanter.

2. *Zinsrisiko*: Anleihen und sogar Aktien sind Zinsschwankungen ausgesetzt. Selbst wenn der Emittent einer Anleihe von höchster Bonität ist, kann der Wert der Anleihe – wie beispielsweise 1981 geschehen – infolge ansteigender Zinsen um 70 Prozent abnehmen.

3. *Liquiditätsrisiko*: Selbst wenn ein Unternehmen erfolgreich ist, muss ein Aktionär, der gezwungen ist, schnell zu verkaufen, unter Umständen einen erheblichen Abschlag hinnehmen, falls es keinen etablierten Markt für die entsprechende Aktie gibt. Deswegen gilt, dass man nicht gegen den Strom schwimmen sollte – jedenfalls, wenn es um die Bestimmung von Ein- und Ausstiegspunkten für nervöse Anleger geht.

denn das ist beinahe unmöglich. Privatpersonen sollten daher nur in Derivate investieren, die an staatlich regulierten Börsen gehandelt werden, nämlich Finanzterminkontrakte und Optionen. Institutionelle Anleger dagegen sollten, wenn sie am modernen Finanzmarkt überleben wollen, lieber täglich ihre Hausaufgaben machen. Ansonsten könnte ein finanzielle Katastrophe bevorstehen.

Abgesehen vom Kreditrisiko sind Derivate vor allem problematisch, weil sie ihren Charakter sehr schnell ändern können. Kennen Sie den englischen Kinderreim von Humpty-Dumpty? Humpty-Dumpty war zuerst ein Ei, das eine feste Schale hatte und durchaus standfest war – tatsächlich war er sogar eine Stütze des Königreichs, in dem er lebte. Aber als er von der Mauer gefallen war, konnten ihm auch alle Soldaten und Pferde des Königs nicht mehr helfen.

Humpty-Dumpty
als solide Anleihe

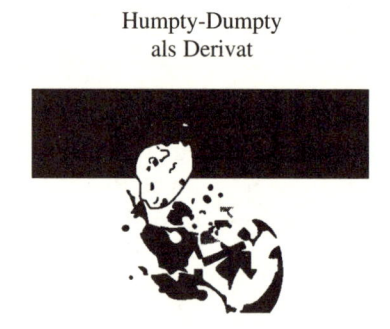

Humpty-Dumpty
als Derivat

In den letzten Jahren haben Humpty-Dumpty-Szenarios die Regierung von Orange County und andere Institutionen in den Ruin gestürzt. Das gesamte Ei entspricht hierbei dem Vermögenswert, der einem Derivat zugrunde liegt – eine Anleihe oder Hypothek, die im Kurs steigt oder fällt, je nachdem, ob die Zinsen fallen beziehungsweise steigen. Das Derivat ist wie ein Stück aus der Eierschale, das ein bestimmter Anleger aufgrund spezieller Merkmale erwirbt. Einige dieser Stücke sind jedoch schwer zu erkennen und nur ein moderner Computer kann berechnen, wie sich ihre Kurse unter verschiedenen konjunkturellen Bedingungen verhalten werden.

Hypothekenderivate wie zum Beispiel Zinsscheine und Mäntel, die nach ihrer Trennung als eigenständige Wertpapiere gehandelt werden, Papiere, deren Zinssatz dem Marktzins zuwiderläuft, oder gar Anleihen, die sich aus Resten anderer Papiere zusammensetzen – gewissermaßen aus dem Abfall anderer Transaktionen –, können sich alle in langfristige Anleihen oder kurzfristige Schuldtitel verwandeln, wobei die Zinserträge nur geringfügig variieren. Wenn man ein konzentriertes Gemisch aus derlei Zutaten anrührt und es bei großer Hitze – das heißt trotz Schulden und ungünstigen Zinssätzen – aufkochen lässt, dann erhält man unter Umständen eine Katastrophe à la Orange County.

Letzten Endes liegt das Problem jedoch beim Koch und nicht bei den Derivaten: Entweder hatte der Portefeuillemanager von vornherein keine Ahnung, wie man ein Omelette zubereitet, oder er hat nicht aufgepasst und die Pfanne zu heiß werden lassen. Die Derivate waren ja ursprünglich nur Stücke von einem Ei.

Was bedeutet das alles für Anleger – sowohl für diejenigen, die die Küche lieber anderen überlassen, als auch für jene, die sich gerne selbst die Kochmütze aufsetzen? Privatanleger tun gut daran, nur hartgekochte Eier zu bestellen, sich also an börsenregulierte Terminkontrakte und Optionen zu halten sowie an normale hypothekarisch gesicherte Anleihen, die von der US-Hypotheken- und Pfandbriefanstalt und anderen staatlichen Institutionen herausgegeben werden. Treuhänder, die für Gelder aus firmeneigenen Pensions- und Vergütungsaufschubsplänen verantwortlich sind, müssen jedoch ihre Aufsichtsfunktion erfüllen und sicherstellen, dass die Investmentfonds oder Vermögensverwalter, denen sie das Kapital ihrer Kunden anvertrauen, Rechensysteme und geschultes Personal haben, mit denen sie Veränderungen der durchschnittlichen Restlaufzeit ihrer Derivate überwachen können; ansonsten könnten ihnen viele unangenehme Überraschungen ins Haus stehen. Unsere PIMCO-Geschäftsstelle im kalifornischen Newport Beach ist schon von unzähligen Kunden und deren Beratern aufgesucht worden, die sich – manchmal an mehreren aufeinanderfolgenden Tagen – davon überzeugen wollten, wie wir 90 Milliarden Dollar jeden Tag im Auge behalten. Wenn die Kunden mit unseren Antworten nicht zufrieden sind, verlieren wir sie. Jeder Anleger sollte auch von seinem Vermögensverwalter klare, verständliche Erklärungen verlangen – denn wenn es um Derivate geht, kann sich Humpty-Dumpty anstelle des köstlichen Omelettes, das Sie gerade essen wollten, schnell in ein übergroßes Spiegelei verwandeln; und wenn Sie Ihren Vermögensverwalter und Ihren Wertpapierbestand nicht ständig überwachen, werden Sie am Ende vielleicht selbst in die Pfanne gehauen!

Teil IV:
Was man in einer 6-Prozent-Welt kaufen sollte

11. Lange Spaziergänge im Himmel

Grundlegende Investmentstrategien für die Ära der 6 Prozent

*„Wenn ich in den Himmel komme,
zieh' ich mir die Schuhe aus
und spaziere durch
das ganze Himmelreich."*

Im Sommer ist das Leben angenehm. Doch das Leben hat nun einmal vier Jahrzehnten, und am meisten beschäftigt mich der Winter. Jedem von uns steht ein kalter, dunkler Winter bevor und wenn man darauf vorbereitet ist, ist die Wärme eines Julinachmittags deswegen nicht weniger angenehm – ganz im Gegenteil.

Ich glaube, nachdem ich in einem nahegelegenen Krankenhaus die letzten Tage von Familienmitgliedern, Freunden und manchmal auch Fremden miterlebt habe, kann ich besser verstehen, warum manche Menschen sterben wollen. Der wichtigste Grund sind natürlich die bloßen körperlichen Schmerzen, die Erschöpfung, das Leiden, das kein Ende nehmen will. Nach einer gewissen Zeit ist das Leben einfach nicht mehr lebenswert. Familienmitglieder und Freunde sind verstorben, Kinder und Enkelkinder sind gekommen und gegangen oder führen jetzt ihr eigenes Leben, und es gibt weniger Menschen, für die es sich lohnt zu leben. Die einfache Wahrheit ist, dass man mit siebzig oder achtzig einfach alles schon einmal mitgemacht hat. Man braucht nicht noch einmal ein Jahrhundert, um zu erfahren, was sich im Leben eines Menschen alles wiederholt. Man hat alles schon gesehen und je älter man wird, desto öfter erlebt man alles, immer wieder: Freude, Missgunst, Intrigen, Neuanfänge – Jahr für Jahr, Atemzug um Atemzug. Und wenn dann die Schmerzen kommen, lohnt es sich nicht mehr, eine Neuauflage von alledem zu sehen. Für diesen Preis hätte man schon gern eine erstklassige Chance am Broadway – nur erhält man die immer seltener, je näher man dem Greisenalter kommt.

Wahrscheinlich gibt es noch einen weiteren Grund. Manche Menschen glauben, dass sie nach dem Tod etwas Besseres erwartet. Ich denke, da die Religion heute in der westlichen Gesellschaft an Bedeutung verloren hat, *hoffen* die meisten Menschen im Grunde eher, dass sie in den Himmel kommen, als dass sie fest daran *glauben*. Trotzdem wird so das Sterben wahrscheinlich ein klein wenig leichter erträglich. In früheren Zeiten besaß die Religion im täglichen Leben einen so hohen Stellenwert, dass die Menschen anscheinend weniger Zweifel hatten, wohin ihre Reise gehen würde. Als Anne Boleyn im Alter von 29 Jahren auf Befehl Heinrichs VIII. wegen Ehebruchs und „Inzest" hingerichtet werden sollte, bat sie darum, so früh wie möglich geköpft zu werden. Sie bemerkte sogar, es tröste sie der Gedanke, dass der Scharfrichter gut sei und sie einen dünnen Hals habe. Auf dem Schafott forderte sie die Menge auf, für den König zu beten; so froh machte sie das Wissen um ihr letztes Ziel.

Doch wenn Anne tatsächlich dort ankam, frage ich mich, ob sie zufrieden war. Was erwartete sie sich – wie Hunderte Millionen von Menschen vor und nach ihr – vom Himmel? Und warum glaubte sie, dort werde sie glücklich sein? Hatte sie vor, einfach den ganzen Tag im Himmel spazieren zu gehen, umstrahlt vom ewigen Licht? Erwartete sie eine Art mentalen Orgasmus? Oder wollte sie die Ewigkeit zusammen mit Verwandten verbringen? In Wahrheit ist es doch so, dass alles, was Spaß macht, ohne ein bisschen Pfeffer unmöglich wäre. Ich meine, wenn man im Himmel zu einer Cocktailparty ginge, könnte man wohl kaum nach Hause kommen und über die anderen Gäste lästern. Angenommen, man wollte sich im Himmel ein Footballspiel ansehen, wie könnte man die „Himmlischen 49ers" anfeuern, wenn sie gegen die „Wolkencowboys" spielten? Beide Mannschaften würden nur ziellos herumlaufen und die wunderbare „Atmosphäre" genießen. Angriffe auf den Quarterback wären absolut tabu. Verstehen Sie, was ich meine? Was genau wollte Anne – oder was wollen Sie – eigentlich dort oben tun? Wenn Sie einen Veranstaltungskalender entdecken oder irgendeine Möglichkeit sehen, ein Programm zu kaufen, lassen Sie es mich wissen. Wenn möglich, möchte ich vorbereitet sein.

Eine Welt mit 2 Prozent Inflation

Ich habe zwar wenig Ahnung, wie es im Himmel ist, aber ich habe eine genaue Vorstellung davon, wie himmlische Vermögensanlagen in den nächsten Jahren aussehen könnten. In den vorangegangenen Kapiteln habe ich das für das Ende des Jahrhunderts zu erwartende Wirtschafts- und Investitionsklima skizziert und Ihnen einige Tipps dazu gegeben, wie man unter diesen Bedingungen richtig investiert. Wenn Sie mir bis jetzt gefolgt sind, wissen Sie, dass die Wirtschaft der Vereinigten Staaten, ja der ganzen Welt, wahrscheinlich florieren, aber nicht von Inflation geprägt sein wird. Nachdem ich zahlreiche langfristige, säkulare Faktoren untersucht habe, glaube ich, dass eine Inflationsrate von 2 Prozent im größten Teil der Industrieländer die Norm sein wird. Für diesen Beinahe-Stillstand der Preise werden vor allem folgende Phänomene verantwortlich sein:

1. Ein gesundes, globalisiertes Handelsumfeld wird das Lohnwachstum weiterhin in Grenzen halten. Billige Arbeitskräfte in Mexiko, China, Indien und anderen bedeutenden Drittweltländern werden es den Industrienationen unmöglich machen, die Löhne zu erhöhen und gleichzeitig wettbewerbsfähig zu bleiben. Die extreme Beschleunigung des Stellenabbaus in den USA, die vor einigen Jahren einsetzte, ist nur einer der zahlreichen Faktoren, die die Arbeitnehmerschaft in den 90er-Jahren daran gehindert haben, auch nur den Ansatz eines Druckmittels zu entwickeln. Wenn der Einfluss der Arbeitnehmerschaft schwindet, können nur noch die Warenpreise eine Bedrohung für ein Szenario der Niedriginflation darstellen – und diese dürften angesichts der restriktiven Geld- und Fiskalpolitik, die ich erwarte, nicht aus der Reihe tanzen.

2. Die Zentralbanken und Regierungen müssen heute auch auf die Freischärler des Kapitalmarkts hören – und zwar sehr genau. Es wird immer leichter für Aktien-, Anleihe- und Devisenanleger beziehungsweise -spekulanten, das Geschehen zu diktieren und sogar die Politik eines Landes zu bestimmen. Wenn sie nicht zufrieden sind, wird einer Volkswirtschaft schnell Geld entzogen und ein wirtschaftliches Chaos kann die Folge sein. Man muss sich nur Mexikos Situation im Jahr 1994 vor Augen halten, um zu wissen, was passiert, wenn die Freischärler verärgert sind. Sie üben vielleicht nicht immer solch starken Druck aus, aber solange die Freischärler an der Macht sind, werden die Politik von Zentralbanken und die Finanzpolitik von Regierungen notgedrungen tendenziell konservativ sein. Die Politik von Gingrichs Kongress in den letzten zwei Jahren stellte zwar zum Teil eine Antwort auf den dringenden Wunsch der amerikanischen Wähler nach mehr Zurückhaltung seitens der Regierung dar, in erster Linie aber war sie eine Reaktion auf den Würgegriff der Freischärler des Kapitalmarkts, denen die ganze Welt ausgeliefert ist. Dieser Trend ist fast eine Garantie dafür, dass die Inflation in den nächsten Jahren nicht steigen wird.

3. In allen Industriestaaten begünstigen demographische Trends niedrige Inflationsraten. Die Bevölkerung Japans, Europas und der Vereinigten Staaten altert schnell, was höhere Sparquoten erwarten lässt. Vor allem aber werden die Jahrzehnte der Konsumwut in diesem Jahrhundert wahrscheinlich nicht wiederkehren. Die Zwanzig- bis Dreißigjährigen, die im Verhältnis am meisten ausgeben, machen in allen G7-Staaten einen immer niedrigeren Prozentsatz der Bevölkerung aus. Es ist kein Zufall, dass überall in den USA Einzelhandelsketten schließen und so viele von ihnen Konkurs anmelden wie seit der Weltwirtschaftskrise nicht mehr. Solange der Konsum schwach ist, hat die Inflation kaum Chancen, ihr zerstörerisches Potenzial zu entfalten.

4. Die Produktivität amerikanischer Unternehmen befindet sich möglicherweise in einem säkularen Aufwärtstrend, der noch einige Zeit anhalten wird. Dies ist zwar zum Teil auf den Stellenabbau der Unternehmen und deren Trennung von nur wenig produktiven Mitarbeitern zurückzuführen, vielleicht jedoch auch auf den verstärkten Einsatz von Computern und andere High-Tech-Trends, die ein effizienteres Miteinander von Mensch und Maschine ermöglichen. Außerdem sind die Unternehmensinvestitionen in Anlagen und Maschinen (Fertigungsanlagen, Werkzeugmaschinen usw.) in den letzten Jahren rapide angestiegen, was den USA eine Steigerung ihrer Produktionskapazität ermöglicht hat. Dieses Wachstum lässt Versorgungsengpässe und die daraus resultierenden Preissteigerungen, zu denen es in den inflationären 70er-Jahren oft kam, weniger wahrscheinlich werden. Diese Trends bedeuten potenziell eine beträchtliche Stärkung des Widerstands gegen die Inflation.

5. In den USA sind Regierung, Industrie und Verbraucher zu hoch verschuldet. In anderen G7-Staaten liegen ähnliche Bedingungen vor. Dieser hohe Verschuldungsgrad erschwert eine Konsumsteigerung extrem und lässt ein Ausgabenwachstum erwarten, das hinter den jüngsten jährlichen Zuwachsraten von 3 bis 4 Prozent zurückbleibt oder ihnen höchstens gleichkommt. Dies wird zur Einschränkung der Inflation beitragen.

Alle diese Tendenzen zusammen deuten auf niedrige Inflation und ein geringes nominelles Wachstum des Bruttoinlandsprodukts hin – Konjunkturbedingungen, die eher denen der späten 50er- und frühen 60er-Jahre ähneln als denen der späten 70er. Für den Fall, dass Sie damals noch nicht auf der Welt waren oder zu jung sind, um sich erinnern zu können, stellt Abbildung 11-1 die langfristigen Zinssätze zwischen 1957 und 1965 dar.

Abbildung 11-1.
Verzinsung von erstklassigen langfristigen Industrieanleihen, 1957 – 1965

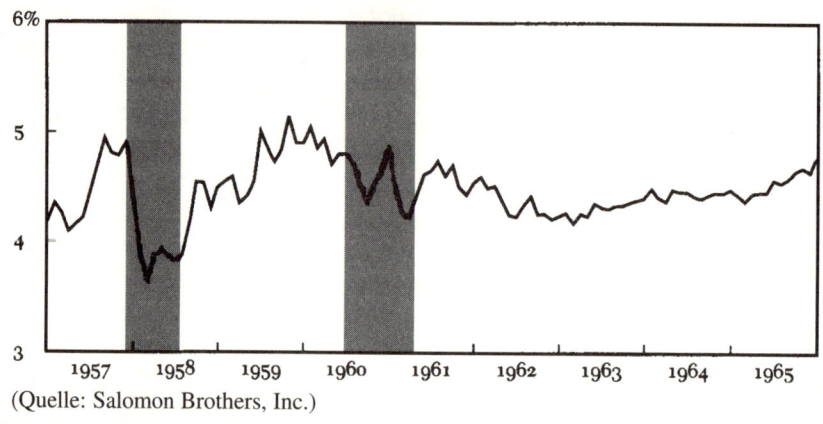

(Quelle: Salomon Brothers, Inc.)

Relativ niedrig und nicht besonders volatil, finden Sie nicht? So sieht die Butler-Creek-Investmentwelt aus. Zwar hatten die Zinsen 1958 einen Tiefstand von 4 Prozent erreicht, doch sollten wir diesmal nicht mit einem derartigen Wunder rechnen. Dafür ist der Kapitalbedarf weltweit zu hoch und es gibt immer noch eine Gruppe von erfahrenen Anlegern, die den rasanten Anstieg der Inflation in den 70ern und 80ern erlebt haben. Man soll ja nie vertrauensselig werden und wenn die Zinssätze sich jemals in der 4-Prozent-Zone aufhielten, dann gäbe es womöglich eine ganze Reihe von Verkäufern, die ihre Gewinne mitnehmen wollten, meine Wenigkeit eingeschlossen! Doch eine Spanne von 5 bis 7 Prozent ist sicher realistisch. Und wenn es tatsächlich so kommt, wird die Gesamtrendite von Anleihen im Lauf der nächsten Jahre durchschnittlich 6 Prozent betragen. Wichtig ist, dass diese 6-Prozent-Prognose für die Anleihen impliziert, dass Aktien nicht viel besser abschneiden werden. In einem von gemäßigtem Wachstum geprägten Umfeld haben diese typischerweise etwa 3 Prozent mehr abgeworfen als Anleihen, so dass wir auch für Aktien keine zweistelligen Renditen erwarten dürfen.

Ertrag kontra Kurs

Was kann man als Anleger in einem derart „langweiligen" Wirtschafts- und Investmentumfeld überhaupt anfangen? Oder, um meinen Ausdruck noch einmal aufzugreifen: Wie isst und verdaut man diesen Eintopf namens Niedrigwachstum? Bevor ich ins Detail gehe, sollte ich einige allgemeinere Prinzipien erklären. Denken Sie daran, dass sich die *Gesamtrendite* einer Anlage aus Erträgen und Kursgewinnen zusammensetzt. Bei Anleihen bedeutet das Verzinsung und Kursgewinne, bei Aktien Dividenden und Kursgewinne. Während einer dynamischen *Hausse* wie der, die sowohl die Anleihen als auch die Aktien seit 1982 erleben, rührt ein beträchtlicher Anteil der Gesamtgewinne von steigenden Kursen statt von der Ertragsverteilung her. Das ist einer der Hauptgründe dafür, dass Privatanleger, die Anteile an Anleihe-Investmentfonds ausschließlich aufgrund des Zinsertrags gekauft haben, so schlecht abgeschnitten haben im Vergleich zu anderen, die die Märkte vom Standpunkt der Gesamtrendite aus betrachten. Mit anderen Worten: Anleger, die ihre Zinseinkünfte maximieren wollen, haben damit möglicherweise kurzfristig Erfolg, aber in der Vergangenheit ist ihre Gesamtrendite langfristig begrenzt geblieben, da ihre Anleihen eine geringere Kurssteigerung aufwiesen. Werfen sie einen Blick auf Abb. 11-2 und Sie werden verstehen, was ich meine.

Abbildung 11-2.
Jährliche Gesamtrendite, 1982 – 1995

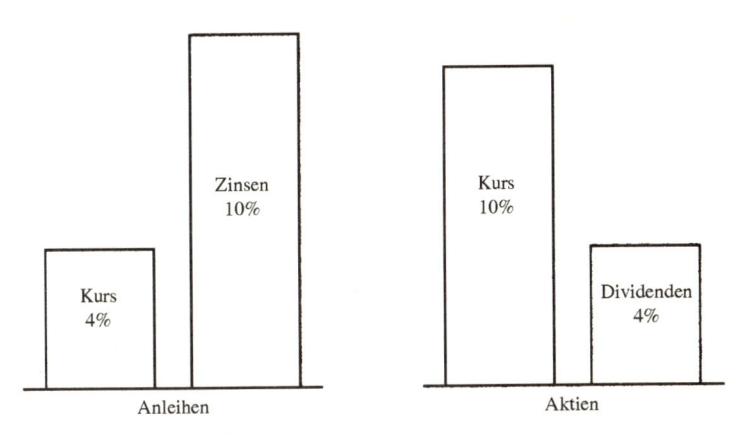

Anleihen: Kurs 4%, Zinsen 10%
Aktien: Kurs 10%, Dividenden 4%

In dynamischen Hausse- und Baissemärkten konzentrieren sich erfolgreiche Anleihe- und Aktienmanager daher mehr auf die Kursgewinne als auf die Erträge. Was Anleihen angeht, stellen die Zinserträge zwar einen größeren Anteil an der Gesamtrendite dar als die Kursgewinne, doch sind es Letztere, die die Spreu vom Weizen trennen. Was Aktien angeht, sind die Kursgewinne zweifellos wichtiger. Bei Märkten, die nicht steil nach oben schießen, sondern sich im Zickzack bewegen – also bei Butler-Creek-Märkten, die innerhalb einer relativ schmalen Spanne hin und her pendeln –, sind ein anderer theoretischer Ansatz und eine andere Ausgangshaltung vonnöten, da die Kursbewegungen von Anleihen zwangsläufig begrenzt bleiben. Man kann einem Anleger nur raten, radikal umzudenken und sich statt auf den Kursgewinn auf den Zinsertrag zu konzentrieren. Statt Veräußerungsgewinne anzustreben, sollte sich ein Anleger bemühen, die Erträge zu maximieren (vgl. Abb. 11-3).

Abbildung 11-3.
Voraussichtliche Gesamtrendite, 1997 – 2000

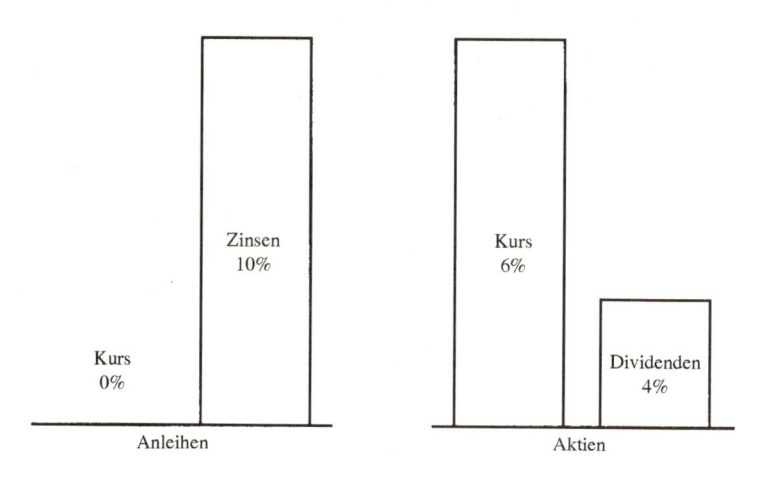

Anleihen: Kurs 0%, Zinsen 10%
Aktien: Kurs 6%, Dividenden 4%

Dieser Ansatz ist natürlich nur begrenzt auf den Aktienmarkt anwendbar. Ich empfehle nicht, ganze Portefeuilles in Versorgungswerte zu investieren, die hohe Dividendenerträge erzeugen, oder in die Aktien mit der höchsten Dividendenrendite im S&P 500. Wachstumswerte werden speziell im internationalen Bereich immer einen Platz haben, wie wir noch sehen werden. Außerdem ist der Steuervorteil, den Veräußerungsgewinne aus Kurssteigerungen bieten, für Privatanleger immer noch beträchtlich und sollte genutzt werden.

Was aber Anleihen betrifft, sieht die Sache völlig anders aus. Ende der 90er-Jahre wird die Gewinnstrategie „hohe Erträge" heißen und es wird entscheidend sein, zu lernen, wie man an diese Erträge kommt. Beachten Sie, dass ich von Papieren mit „hohen Erträgen" rede und nicht von „hochverzinslichen". Der Ausdruck „hochverzinslich" lässt heutzutage an Risikopapiere denken, die von Rating-Unternehmen als Ba und niedriger eingestuft werden, und natürlich sollten die meisten Anleiheportefeuilles nicht ausschließlich auf Risikopapiere ausgerichtet sein. Zwar mag ein kleiner Teil Ihres Portefeuilles von der einen oder anderen hochspekulativen Anleihe profitieren, doch in der Hauptsache sollte Ihre Strategie darin bestehen, die Erträge aus Anleihen in höheren Güteklassen, Staatstiteln, mit A und Baa bewerteten Industrieanleihen sowie hypothekarisch gesicherten Wertpapieren zu maximieren.

DER SCHLAUE ANLEGER:
Hochverzinsliche Anleihen

Papiere, die in den 90er-Jahren als „hochverzinsliche Anleihen" bekannt sind, nannte man früher „Risikopapiere". Es hat den Anschein, dass diese Anleihen immer wieder neue vornehm klingende Namen erhalten, solange sie gute Ergebnisse zeigen, aber wenn sie abstürzen, nennt man sie einfach nur „hochspekulativ". Im engeren Sinn gilt jede Anleihe, deren Bonität von Standard & Poor's mit BB oder niedriger bewertet wird, als hochverzinsliche Anleihe. Eine Anleihe mit einer Bewertung von BBB und höher wird als „Qualitätsanlage" bezeichnet.

Ich bin der Meinung, dass es für Anleger von Vorteil sein kann, Anteile an einem gut geleiteten Fonds zu besitzen, der in hochverzinsliche Anleihen investiert, allerdings mit zwei Einschränkungen. Erstens: Bevorzugen Sie Fonds, die hochverzinsliche Anleihen am oberen Ende der Bonitätsskala kaufen. Bei vielen Titeln mit der Bewertung B oder C steht die Insolvenz unter Umständen kurz bevor und das Risiko, mit dem sie behaftet sind, ähnelt eher dem einer Penny-Aktie als dem einer US-Schatzanleihe. Halten Sie sich also, wenn möglich, an die BBs. Zweitens: Denken Sie daran, dass Risikopapiere aufgrund ihrer geringeren Qualität dazu neigen, kurzfristig das Kursverhalten des Aktienmarktes zu imitieren. Wenn es der Wirtschaft und dem Aktienmarkt schlecht geht, bleiben die Kurse von hochverzinslichen Anleihen hinter denen von hochqualitativen US-Schatzpapieren zurück. Anleger, die langfristig denken, werden mit Risikopapieren besser fahren als mit Staatstiteln, da die Zinserträge bei Ersteren im Durchschnitt meist 3 bis 4 Prozent höher sind als bei Schatzpapieren.

Wie man Erträge maximiert

Wie steigert man mit Hilfe von hochqualitativen Papieren seine Erträge, ohne ein höheres Risiko einzugehen? Nun, Erträge lassen sich selten ohne Mehrrisiko steigern. Die einzige praktisch risikofreie Anlage ist ein kurzfristiger Schatzwechsel. Alles andere ist der Marktvolatilität unterworfen und die Kurse schwanken in Abhängigkeit von zins- und kreditbezogenen Trends. Also ist ein höheres Risiko als bei Schatzwechseln unvermeidlich. Das Geheimnis besteht darin, die Strategie mit dem geringsten Risiko und den größten Renditevorteilen zu finden, wenn auch manche Anleger mehr Wert auf die Vermeidung von Risiken legen und andere höhere Gewinnen anstreben.

In einer Butler-Creek-Welt, in der sich die Zinssätze innerhalb einer moderaten, von wenig Volatilität gekennzeichneten Spanne zwischen 5 und 7 Prozent bewegen, ist es bedeutend weniger riskant, Anleihen zu besitzen. Wenn die Zinsen von US-Schatzanleihen mit langer Laufzeit nicht über 7 Prozent klettern, haben wir einen enormen Vorteil gegenüber den Anlegern der 60er- und 70er-Jahre, die Anleihen scherzhaft als „Pfändungstitel" bezeichneten: Während die Zinsen rasant auf fast 20 Prozent stiegen, fielen die Anleihekurse immer weiter und das Kapital der Anleger schwand so schnell, dass es aussah, als ob es beschlagnahmt würde. Die Wahrscheinlichkeit, dass man in den nächsten Jahren Geld verliert, wird jedoch weit weniger hoch sein. Dann können Anleger die Laufzeit ihrer Anlagen über die Zeiträume hinaus erhöhen, die sie ansonsten für angemessen halten würden.

Mein Rat zur Anlagestrategie lautet daher:

Verlängern Sie die Laufzeit der Anleihen in Ihrem Portefeuille.

Das bedeutet nicht unbedingt, dass Sie ein Portefeuille erstellen, das zu 100 Prozent aus 30-jährigen Schatzanleihen besteht, aber es soll durchaus andeuten, dass Geldmarktfonds und kurzfristige Wertpapiere während des Rests des 20. Jahrhunderts keine vielversprechenden Alternativen sein werden. Ein guter Fonds mit mittelfristigen Anleihen oder ein Portefeuille mit fünf- bis siebenjährigen Schuldtiteln dürfte eine attraktive Anlage darstellen. Und wenn wir „die Zinsertragskurve hinunterrutschen", wie wir Anleihemanager sagen, werden in den nächsten Jahren die Zinserträge mittelfristiger Anlagen mit einer Laufzeit von etwa sieben Jahren denen 30-jähriger US-Schatzanleihen gleichkommen oder sie sogar übertreffen.

Mein zweiter Strategietipp heißt:

Investieren Sie in Auslandsmärkte.

Unsere globale Wirtschaft bietet vorteilhafte Anlagemöglichkeiten in Hülle und Fülle, sowohl an den Anleihe- als auch an den Aktienmärkten. Ihren Wertpapierbestand auf die USA zu beschränken wäre unklug. Europa hat im Anleihesektor manche äußerst attraktive Gelegenheit zu bieten und an den neuen Märkten gibt es Schuldtitel, die zum Teil durch die US-Regierung gesichert werden, und deren Zinsertrag zwischen 11 und 15 Prozent liegt. Ihr Aktienportefeuille wird außerdem vom überdurchschnittlichen Wirtschaftswachstum in Asien und einigen südamerikanischen Ländern profitieren.

An dritter Stelle auf der Liste der entscheidenden Strategien steht folgende:

Setzen Sie verstärkt auf die Zinserträge von Anleihen, auch wenn sich das Risiko einer vorzeitigen Ablösung erhöht.

Industrieanleihen und hypothekarisch gesicherte Papiere sind mit dem Risiko einer vorzeitigen Tilgung verbunden. Fast alle Titel, die in diesen zwei immensen Bereichen emittiert werden, können vor dem Fälligkeitstag vom Emittenten abgelöst werden, wenn dieser es wünscht. Das ist zwar negativ für Anleiheinhaber, doch bekommen diese dafür einen Anreiz in Form von höheren Zinserträgen, was pro Jahr zwischen 0,25 und 1,5 Prozent ausmacht. Während des

Haussemarktes der letzten 15 Jahre waren solche Anleihen nur etwas für Naivlinge (denn sie wurden unweigerlich gekündigt oder getilgt); wenn sich das Blatt dank des weniger volatilen Marktes der Zukunft aber wendet, wird reich belohnt werden, wer nach den Zinserträgen greift.

Hier meine vierte Strategie, die ein beträchtliches Potenzial birgt:

Kaufen Sie US-Inflationsindex-Anleihen.

Solche Anleihen sollen Anfang 1997 zum ersten Mal auf den Markt kommen. Sie werden Privatanlegern die Möglichkeit bieten, die Inflation über die gesamte Laufzeit um 3 und mehr Prozent zu übertreffen, was in den letzten 50 Jahren mit nur sehr wenigen Investitionen in Anleihen möglich war. Solche Titel könnten angesichts eines Butler-Creek-Szenarios eine gute Anlage darstellen und sogar einen guten Schutz bieten, wenn ich mich irre und die Inflation stark anzieht.

Die letzte meiner Strategieempfehlungen lautet:

Denken Sie daran, dass Aktien nicht immer besser abschneiden als Anleihen.

Obwohl Aktien langfristig zweifellos die beste Anlage sind, hat es in der Vergangenheit – zuletzt Anfang der 70er-Jahre – Phasen gegeben, in denen Anleihen und sogar Geldmarktfonds, über einen Zeitrahmen von zehn Jahren betrachtet, bessere Ergebnisse zeigten. Es wäre ein Fehler, Ihr Portefeuille zu 100 Prozent aus Aktien bestehen zu lassen, besonders, wenn man den Ertragsvorteil bedenkt, den Anleihen in einem Butler-Creek-Umfeld bieten werden. (Verwalter von institutionellen Fonds sollten diesen Rat ebenfalls beherzigen, wenn sie entscheiden, ob die übliche Aktien-Anleihen-Mischung im Verhältnis von 60 zu 40 für Pensionsfonds beibehalten werden soll.)

Alle diese Strategien verdienen eine ausführlichere Darstellung, die Sie in den nächsten Kapiteln finden werden. Denken Sie vor allem daran, dass sich in einer Butler-Creek-Welt die Techniken von Anleihe- und Aktienanlegern, die in früheren Jahrzehnten erfolgreich waren, werden ändern müssen. Freuen wir uns auf die Zukunft – und auf Gesamtrenditen, die vielleicht nicht so himmlisch sein werden wie in vergangenen Jahren, die Sie dafür aber nachts schlafen lassen werden, als schwebten Sie auf einer Wolke.

12. Männer ohne Manieren

Wie Sie in der Ära der 6 Prozent die Zinsertragskurve für sich nutzen

Frauen – man kann nicht mit ihnen leben und ohne sie auch nicht. Das wissen wir Männer, seit wir unseren ersten Pickel ausgedrückt haben, und seither sind wir praktisch davon ausgegangen, dass die Frauen über uns genauso denken. Na ja, ich bin mir da nicht so sicher – was das „Nicht-ohne-uns-leben-können" angeht, natürlich. Biologisch gesehen scheint es, als ob das Überleben des männlichen Geschlechts durch Samenbanken in Frage gestellt wäre. In moralischer Hinsicht sind wir für jeden Krieg oder sonstigen Konflikt verantwortlich, seit Adam zu Eva sagte, er hätte es lieber, wenn sie ihr Haar offen trüge. Und was zwischenmenschliche Beziehungen angeht – nun, wenn es bei einer Veranstaltung oder einem Gespräch nicht um irgendeine Ballsportart dreht, stottern und stammeln wir herum, schauen zehnmal pro Stunde auf die Uhr und neigen schließlich dazu, die Ehefrau am Rock zu zupfen, in der Hoffnung, dass sie das Signal zum Aufbruch nach Hause gibt. Ich frage Sie, meine Damen: Sind *das* wirklich Dinge, ohne die Sie nicht leben könnten?

Dazu kommt noch, dass in fast allen ehemaligen Männerdomänen mittlerweile auch das andere Geschlecht vertreten ist. Frauen boxen, spielen Fußball, ja, sie rauchen sogar Zigarre und sehen auch noch gut dabei aus. Neulich ging ich mit meiner Frau zu einem Zigarrenkiosk und es muss wohl ausgesehen haben, als hätte sie mich nur im Schlepptau, denn der Verkäufer fragte: „Sie wünschen bitte, meine Dame?" Ich bin noch derselbe Waschlappen wie immer – das Problem ist nur, dass meine Umwelt heute nicht mehr so tut, als wäre ich noch der Chef meiner Familie. Den Machohelden gibt es nicht mehr, es lebe der Sofaheld. Man gebe uns Männern einfach Chips und ein Bier, setze uns vor die Glotze und rufe uns, wenn wir *wirklich* gebraucht werden. Die Damen wissen sicher, worauf ich anspiele. Es gibt immer noch etwas, das *nur* Männer können, und wofür es keine Ersatzlösung geben kann: Möbel heben. Ich möchte einmal erleben, wie eine von euch 60 Kilo leichten Frauen, die von Nudeln und Salat lebt, mit ihren Bleistiftärmchen eine Couch oder einen Kühlschrank herumwuchtet. Das schafft nur ein Möbelpacker mit behaarter Brust und Schmerbauch, der sich von Muskelfleisch ernährt. Wie wollt ihr also die Möbel umarrangieren oder ausziehen, wenn keiner da ist, der die Schwerarbeit erledigt? Freundinnen anrufen? In „Club der Teufelinnen" nach Anregungen suchen? Ich möchte einmal sehen, wie ihr „Magnolien aus Stahl" euch zusammentut und eure knochigen Hände um einen Klavierfuß wickelt. Ha! Das gibt euch zu denken, oder?

Damit dürfte es also unentschieden stehen. Man mag meinetwegen sagen, ich hätte nur die Feministinnen auf Distanz gehalten, aber ich weiß jetzt, dass am

Anfang des 21. Jahrhunderts beide Geschlechter eine dankbare Rolle spielen werden, und diese Rollen werden nicht viel anders aussehen als bisher auch: Die Frauen werden wie immer alles unter Kontrolle haben und die Männer werden immer noch herumsitzen, Bier trinken, fernsehen und ab und zu ein paar Möbel verrücken. Je mehr sich ändert, desto mehr bleibt beim Alten.

Längere Laufzeiten

Am Kampf der Geschlechter mag sich kaum etwas geändert haben, aber in der Butler-Creek-Welt der 6 bis 8 Prozent wird für den Anleger einiges anders werden. Wie wir gesehen haben, konnte man unter den finanziellen Bedingungen, die früher herrschten, beim Investieren in Anleihen vor allem auf den Kurs abzielen. Im Wirtschaftsumfeld der Zukunft verlegen wir den Schwerpunkt auf die Erträge – andere Voraussetzungen, andere Strategien. Der Erfolg dieser Strategie ist jedoch an eine Bedingung geknüpft: Wenn die Zinssätze die von mir erwartete Spanne zwischen 5 und 7 Prozent verlassen, kann die Strategie *schaden* statt nutzen. Lassen Sie mich in diesem Sinne die im vorhergehenden Kapitel skizzierten vier Strategien näher erläutern. Die erste lautete – Sie erinnern sich:

Verlängern Sie die Laufzeit der Anleihen in Ihrem Portefeuille.

Diese Strategie mag simpel scheinen, aber in Wirklichkeit ist sie ein äußerst raffinierter Trick. Sie ähnelt einer Rochade – einem Schachzug, bei dem König und Turm die Positionen auf dem Brett tauschen, der sehr dynamisch und vorteilhaft sein kann, wenn er zur richtigen Zeit ausgeführt wird. Mit der Verlängerung der Laufzeiten verhält es sich genauso. Auf den ersten Blick würde ein professioneller Anleiheanleger wahrscheinlich zu dem Ergebnis kommen, dass in einer Situation, in der die Zinssätze schon so weit wie überhaupt möglich gefallen sind, die richtige Strategie darin besteht, defensiver vorzugehen, die Laufzeiten *zu verkürzen* und den bevorstehenden Bärenmarkt mit seinen stark steigenden Zinsen abzuwarten. Schließlich sind die Zinsen im Lauf der letzten 15 Jahre von 15 auf 6 Prozent gefallen und die Trendumkehr könnte verheerend werden. Bei einem vollständigen Umschwung könnten die Kurse von Anleihen mit 30 Jahren Laufzeit mehr als 60 Prozent einbüßen. Dann könnte man tatsächlich von „Pfändungstiteln" sprechen!

Doch diese Entweder-oder-Strategie ist nicht notwendigerweise die beste Art, zu investieren. Ein mehrjähriger Zeitraum ohne große Veränderungen und eine schmale Zinspanne zusammen bedeuten, dass ein Anleger, der den Markt übertreffen will, stark zu knapsen haben wird – und den besten Anfang macht er meiner Meinung nach, indem er einfach die Durchschnittslaufzeit seiner Anleihen verlängert.

Dieser Gedanke ergibt sich natürlich zunächst aus der Beobachtung, dass längere Laufzeiten höhere Erträge erzeugen als kurzfristige. Abb. 12-1 zeigt zwei verschiedene „Zinsertragskurven", wie wir in der Anleihebranche sagen.

Je weiter man sich auf dieser Abbildung parallel zur horizontalen Achse nach rechts bewegt, desto länger ist die Laufzeit einer Anleihe. Je höher man parallel zur vertikalen Achse nach oben kommt, desto höher ist der Zinsertrag. Die Kurve selbst bildet verschiedene Verzinsungen ab, die verschiedenen Laufzeiten entsprechen, welche sich in Abhängigkeit vom Markt ständig verändern. „Normal" ist eine Kurve, bei der der Zinsertrag mit zunehmender Laufzeit an-

Abbildung 12-1.
Zinsertragskurven

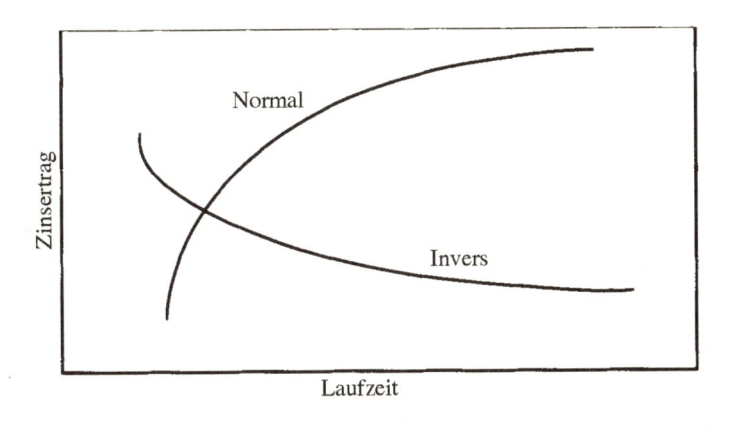

[Diagramm: Koordinatensystem mit Achsen „Zinsertrag" (vertikal) und „Laufzeit" (horizontal). Eine ansteigende Kurve ist mit „Normal" beschriftet, eine abfallende Kurve mit „Invers".]

DER SCHLAUE ANLEGER:
Der Verlauf von Zinsertragskurven

Bei der in Abb. 12-1 dargestellten normalen Zinsertragskurve steigen die Zinserträge, wenn die Laufzeiten länger werden. Das Gleiche erkennen Sie wahrscheinlich instinktiv, wenn Sie Ihre am Geldmarkt erzielten kurzfristigen Erträge mit der Verzinsung der langfristigen Schatzpapiere vergleichen, die in der Finanzpresse beschrieben werden: Für längere Laufzeiten bekommt man höhere Zinsen.

Warum das so ist? Es gibt zahlreiche theoretische Gründe, aber einer der einfachsten ist, dass mit langen Laufzeiten auch mehr Risiko verbunden ist. Bei kurzen Laufzeiten bekommt man fast immer den vollen Gegenwert, wenn man seine Anlage zu Barem macht, weil man sein Geld nur einige Tage und nicht Jahre lang aufs Spiel setzt. Eine 30-jährige Schatzanleihe ist dagegen eine andere Sache. Obwohl die Regierung der USA für sie bürgt, ist ihre Anlage in diesem Fall den potenziell verheerenden Auswirkungen der Inflation ausgesetzt, weil ihr Kupon, das heißt die Zinsausschüttung, festgelegt ist. Daher verlangen die Anleger für ihr 30-jähriges Papier eine höhere Verzinsung und die Zinsertragskurve wird um so höher, je länger die Laufzeit wird.

steigt. Die „inverse" Kurve sieht anders aus. Manchmal, wenn die Zentralbank sich restriktiv zeigt, übertreffen die Erträge der Papiere mit kurzen Laufzeiten die derjenigen mit langen und in diesem Fall spricht man von einer inversen Zinsertragskurve. In einem von niedriger Inflation geprägten Umfeld jedoch, in dem die Zentralbank keinen Anlass hat, als Spielverderberin aufzutreten, kann man davon ausgehen, dass die Kurve normal verläuft, das heißt, dass langfristige Titel höhere Zinserträge bringen als kurzfristige. Wenn man die Erträge des Geldmarktes mit denen fünfjähriger US-Schatzanweisungen vergleicht, beläuft sich der mit längeren Laufzeiten verbundene Mehrertrag auf durchschnittlich 1 Prozent oder mehr. In einer Butler-Creek-Welt mit niedrigen Zinsen ist das nicht zu verachten, selbst wenn man das zusätzliche Risiko bedenkt.

„Quasi-Geld" ist die Rettung

Eine weitere wichtige Erkenntnis, die mit verlängerten Laufzeiten zu tun hat, ist folgende: Wenn man Barreserven halten muss, zahlt es sich aus, eine Art Bargeldersatz (oder „Quasi-Geld") zu entwickeln, die denselben Zweck erfüllt, aber höhere Erträge bietet. Andere Portefeuillemanager wundern sich oft darüber, dass PIMCO es fertig bringt, den Marktdurchschnitt Jahr um Jahr zu übertreffen. Tatsächlich ist uns das in fast jedem 12-Monats-Zeitraum in den letzten 20 Jahren gelungen. Ein Grund dafür, dass wir eine konsequente Wertschöpfung erzielt haben, ist unsere Fähigkeit, die Erträge aus kurzfristigen unbesicherten Schuldtiteln in „Quasi-Geld" zu verwandeln – und zwar mit Renditen, die 50 bis 100 Basispunkte höher sind. Das bedeutet, dass wir kurzfristige kündbare Industrieanleihen mit extrem hohen Kupons kaufen, die eine gewisse Absicherung erlauben. Es bedeutet auch, dass wir unbesicherte Schuldtitel mit neun bis zwölf Monaten Laufzeit kaufen, deren Ertrag 100 Basispunkte beziehungsweise 1 Prozent über dem von kürzerfristigen Alternativen am Geldmarkt liegt. Es bedeutet, dass wir alles kaufen, was in seinem Kursverhalten Papieren mit höchstens zwölfmonatiger Laufzeit entspricht, aber einen höheren Ertrag aufweist.

Unsere Studien, die mehr als 20 Jahre zurückreichen, haben ergeben, dass ein Anleger, der seine kurzfristigen Investitionen auf einen einmonatigen unbesicherten Schuldtitel oder einen reinen Geldmarktfonds konzentriert, einen großen Teil seiner Erträge opfert. Das Ausmaß dieses Opfers geht aus Abb. 12-3 hervor: Im Vergleich zu Papieren mit sechs- bis neunmonatiger Laufzeit gehen im Durchschnitt etwa 75 Basispunkte verloren. Der Graph stellt auch einen Risikomaßstab dar, den man „Standardabweichung" nennt. Dieser an der horizontalen Achse ablesbare Parameter erreicht bei Schuldtiteln mit einer Laufzeit von zehn oder auch nur einem oder zwei Jahren einen beträchtlichen Wert; im Bereich zwischen sechs und neun Monaten aber ist der Wert nur wenig höher als bei einem Monat Laufzeit. Ein Anleger sollte immer versuchen, bei höchstens geringfügig höherer Volatilität oder Standardabweichung seine Erträge etwas aufzubessern. Das ist hier möglich und diese ideale Situation sollte genutzt werden.

Abbildung 12-2.
Nicht gut genug

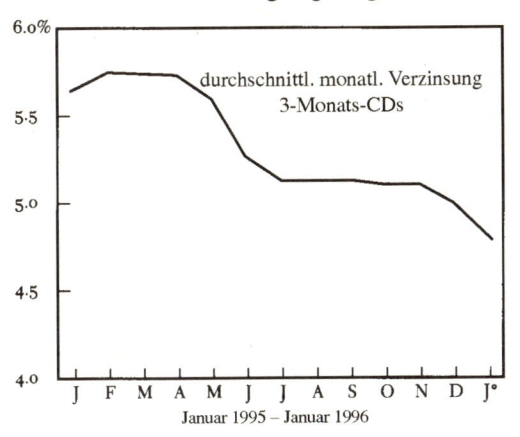

durchschnittl. monatl. Verzinsung 3-Monats-CDs

Januar 1995 – Januar 1996

(Quelle: Bank Rate Monitor; *The New York Times*)

Der Grund dafür, dass die Erträge von drei- bis neunmonatigen Papieren konstant so viel höher sind als die von einmonatigen, ist der offensichtliche Liquiditätsverlust. Ein einjähriger Schatzwechsel birgt ein kaum höheres Kursrisiko als ein dreimonatiger unbesicherter Schuldtitel, den beide werden in sehr kurzer Zeit fällig, und bei beiden bekommt man den vollen Gegenwert zurück. Was den Profis Unbehagen bereitet ist der Mangel an Liquidität. Sie wollen jederzeit über ihr Geld verfügen können, für den Fall, dass sie innerhalb von Tagen oder Wochen ausgezeichnete Anlagegelegenheiten entdecken.

Abbildung 12-3.
Renditen von Papieren unterschiedlicher Laufzeit im Vergleich zum Risiko, Haltedauer ein Monat, Januar 1968 – Dezember 1995 (annualisierte Gesamtrendite in %)

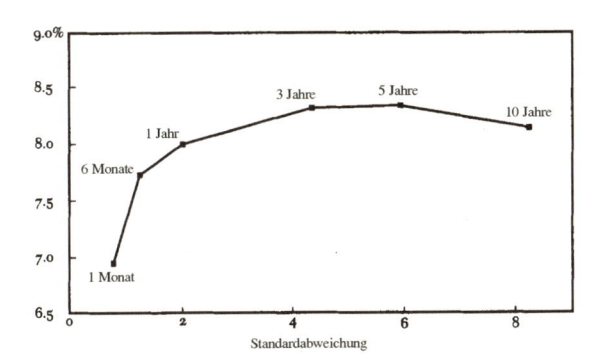

Standardabweichung

Diese Profis sind in der Regel Aktienmanager, denen ein 50 Basispunkte höherer Ertrag ihres kurzfristigen Schuldtitels völlig egal ist. Sie machen sich eher Gedanken um den nächsten Börsengang eines Internetunternehmens und darüber, wie sie eine jährliche Gesamtrendite von 15 Prozent und mehr zustande bringen. Für diesen Traum zahlen sie einen hohen Preis: Sie opfern 50 bis 75

Basispunkte Zinsertrag. Die Verlängerung von Laufzeiten im kurzfristigen Bereich ist unangefochten der beste Risiko/Gewinn-Ausgleich den es gibt!

Auch der Privatanleger sollte sich diese Strategie zunutze machen. Fast alle privaten Maklerkonten haben Barreserven und natürlich besitzen Millionen von Anlegern Anteile an Geldmarkt-Investmentfonds, die sich genauso verhalten wie der Sektor der ein- bis dreimonatigen unbesicherten Schuldtitel, den ich gerade schlechtgemacht habe. Weniger bekannt ist, dass viele Investmentfondskomplexe und Maklerfirmen Surrogate für kurzfristige Titel anbieten, was Investitionen in Papiere mit Laufzeiten von ein bis zwei Jahren bedeutet. Mein eigener PIMCO Low Duration Fund ist einer von ihnen. Eine andere Möglichkeit wäre ein konservativer Investmentfonds, der in variabel verzinsliche Hypothekentitel investiert. Fragen Sie bei den Fondsbewertungsunternehmen Morningstar oder Value Line nach gut verwalteten Fonds in Ihrer Gegend. In einer Butler-Creek-Welt werden Fonds, die mit geringfügig längeren Laufzeiten arbeiten als Geldmarktfonds, aber ähnliche Liquiditätsmerkmale aufweisen, wahrscheinlich einen ausgezeichneten Ersatz für den Geldmarkt darstellen und Mehrerträge von etwa 1 Prozent erlauben.

Denken Sie daran: Wenn Sie im neuen Investmentumfeld bestehen wollen, werden die Erträge entscheidend sein. Sich schrittweise die Zinsertragskurve entlang zu bewegen und Ihre Definition von Geldmarktpapieren zu erweitern sind zwei konservative Maßnahmen, die sich wahrscheinlich als sehr einträglich erweisen werden.

13. Die gute alte Religion

Schlafen Sie ruhig dank Inflationsindex-Anleihen

Ich bin, wie gesagt, so katholisch wie Pater Guido Sarducci – nämlich gar nicht. Trotzdem besuche ich gern mit meiner gläubigen Frau und meinem respektlosen Sohn Nick die Messe. Am letzten Sonntag war „der Junge", wie ich ihn liebevoll nenne, nach seinem zweiten Heiligen Abendmahl gerade vom Altar zurückgekommen und rollte die Hostie im Mund herum wie sein letztes Lutschbonbon im Kino. „He Papa, riech mal", sagte er, und ich muss zugeben, dass ich nicht sicher war, ob ich am Duft der Oblate oder an dem der Haferflocken vom Frühstück teilhaben sollte. Trotzdem tat ich das Richtige; ich sagte, die Hostie sei der Leib Christi und er werde sich daran gewöhnen. Was mich angeht, bin ich allerdings nicht so überzeugt.

Obwohl ihn auch das Abendmahl interessiert, mag Nick an der Messe am liebsten die Donuts, die nachher im Gemeindesaal gereicht werden. Wenn Nick zum Ausgang sprintet und sich auf die Suche nach den Schoko-Donuts von Winchell's macht, die es im Gemeindehaus gibt, können Sue und ich oft gerade noch verhindern, dass er den Pfarrer umrennt. Vor einigen Monaten verschlang Nick einen Schoko-Donut, stellte sich wieder hinten an, um sich beim Pfarrer für den schönen Gottesdienst zu bedanken, und brachte es fertig, Pfarrer Stevens seine nun dunkelbraune Hand zu geben. Seither bieten die Gemeindehelfer nur noch Donuts mit Zuckerguss an, und Nick hat bis heute nicht verstanden, warum. Ich glaube den Grund jedoch zu kennen, und ich denke, ich weiß auch, warum der Platzanweiser uns jetzt in der hinteren rechten Ecke der Kirche sitzen lässt. Wir sind zwar noch nicht exkommuniziert worden, aber wir stehen kurz davor. Ich habe schon daran gedacht, Nick dazu zu bringen, zur Beichte zu gehen, „Vergib mir, Vater, denn ich habe gesündigt" zu sagen und dann die Geschichte mit den Donuts loszuwerden. Aber er ist noch zu jung, um den Sinn des Ganzen zu verstehen, und ich fürchte, das hieße Schokolade auf frische Wunden streuen.

Es ist für mich immer ein ergreifender Moment in einer katholischen Messe, wenn die Gemeindemitglieder den Herrn bitten, ihnen nicht nur zu vergeben, was sie getan haben, sondern auch, was sie *unterlassen* haben. Beeindruckend! Ich denke manchmal: „Hier ist keiner, der eine absolut schneeweiße Weste hat!" Und genau darum geht es wohl – den Begriff „Sünde" so zu definieren, dass wir vor Gott gedemütigt werden, egal, was wir tun – oder lassen. Aber dieser katholische Sündenbegriff passt so gar nicht zu den 90er-Jahren des 20. Jahrhunderts. Er lässt sich nicht recht mit der Art und Weise vereinbaren, wie die meisten von uns modernen Eltern ihre Kinder behandeln. Heute geht es nicht in erster Linie darum, was unsere Kinder falsch machen, sondern darum, was sie alles richtig machen. „Selbstachtung", nicht persönliche Schuld, ist der Schlüsselbegriff und wir verstärken die Selbstachtung unserer Kinder unzählige Male, bis sie irgendwann Mitte Zwanzig sind und kurz, nachdem sie ihr sechstes und hoffentlich letztes Studienjahr absolviert haben, knallhart mit der Realität einer grausamen Welt konfrontiert werden. Wir glauben, dass unsere Kinder nie etwas Falsches tun, ja, nicht einmal etwas Falsches lassen, falls das logisch überhaupt möglich ist. Alle Arbeiten, die sie aus der Schule nach Hause bringen, ziert ein lachendes Gesicht, selbst die wöchentlichen Rechtschreibproben mit drei Fehlern. „Er hat sich bemüht", loben die Lehrer. Die Eishockeymannschaft meines Sohnes ging neulich mit 0:9 Toren unter, und der Trainer lobte die Spieler wegen des guten zweiten Drittels, in dem sie nur ein Gegentor bekommen hatten, über den grünen Klee. Was ist eigentlich aus dem alten Spruch „Das nächste Mal kriegen wir die" geworden?

Unsere Kinder werden verwöhnt und verhätschelt, so dass sie den Eindruck bekommen, das Leben wäre ein einziger großer Eisbecher, den man sich im Laden an der Ecke holt. Nun mögen Sie sagen: „Erwachsen werden sie noch früh genug", und das stimmt auch, aber die Auffassung, dass Kindheit und Jugend auf das spätere Leben vorbereiten, wird immer mehr dadurch untergraben, dass wir vor allem das Selbstwertgefühl eines Kindes fördern statt seiner Selbstdisziplin und seiner Fähigkeiten. Richtig wäre ein Mittelweg und den haben wir Eltern in den 90ern aus den Augen verloren. Was also die Kindererziehung angeht, ist die gute alte Religion in der richtigen Dosierung nur gesund. Es ist in Ordnung, wenn Kinder wissen und anerkennen, dass sie nicht immer gute Leistungen erbringen oder das Richtige tun. Ich würde tausend lachende Gesichter jederzeit gegen eine dieser kleinen Oblaten eintauschen. Ich muss nur vorgewarnt sein, damit ich eine Zeitlang auf Abstand zu „dem Jungen" gehen kann.

Anleihen mit Inflationsschutz

Für den Fall, dass Sie sich beim besten Willen nicht vorstellen können, wie Sie Ihr Geld in einer Butler-Creek-Welt für sich arbeiten lassen können, hat die Regierung der USA eine potenzielle Lösung für Sie parat. Diese Lösung kommt der Vorstellung von einer Anlage, bei der es nichts zu verlieren, aber viel zu gewinnen gibt, näher als alles andere, was ich in der Investmentbranche je gesehen habe, und sie wird in Zukunft garantiert ein lachendes Gesicht auf Ihr Portefeuille zaubern. Ich rede von Inflationsindex-Anleihen und wie Sie bald bemerken werden, verspreche ich mir von ihnen extrem viel.

Mitte 1996 kündigte Finanzminister Robert Rubin an, dass die US-Regierung künftig Inflationsindex-Anleihen verkaufen werde – Anleihen, deren gesamter jährlicher Zinsertrag je nach Veränderung der Inflationsrate variiert. Inflationsindex-Anleihen unterscheiden sich von normalen Schatzpapieren deutlich in einer Hinsicht: Wenn man eine normale Schatzanleihe kauft, bleibt der Kupon beziehungsweise die jährliche Zinsausschüttung gleich; daran ändert sich nichts – von dem Tag, an dem die Anleihe gekauft wird, bis zum Fälligkeitstermin.

Deswegen werden Anleihen auch festverzinsliche Anlagen genannt. Bei Inflationsindex-Anleihen variiert die jährliche Zinszahlung je nach den Veränderungen der Inflationsrate. Wenn die Inflation steigt, bekommt man mehr ausbezahlt; wenn sie sinkt, bekommt man weniger.

Wenn es Ihnen hauptsächlich um ein stabiles Einkommen geht, das die Inflation mehr als ausgleicht und es Ihnen erlaubt, für den Ruhestand oder das Studium Ihrer Kinder zu planen oder auch nur für einen besonderen Urlaub zur Silberhochzeit, dann sind diese Anleihen möglicherweise das Richtige für Sie. Inflationsindex-Anleihen sind ein Kompromiss zwischen den ständigen Berg- und Talfahrten und der Volatilität des Aktien- und Anleihemarkts einerseits und der eintönigen, wenig ertragreichen Welt der Einlagezertifikate und Geldmarktkonten andererseits. Sie stellen beinahe eine echte Garantie dafür dar, dass die Inflation Ihrem Geld nichts anhaben kann – und schon aus diesem Grund sind sie die Aufmerksamkeit jedes Anlegers wert, ob es sich nun um einen Privatmann handelt, der 10.000 Dollar investiert, oder um meine eigene Firma, die Pacific Investment Management Company, die 90 Milliarden investiert.

Zwar waren in Bezug auf diese Anleihen viele Einzelheiten noch nicht bekannt, als dieses Buch in Druck ging, doch das Prinzip, das hinter ihnen steckt, ist recht einfach. Jede Index-Anleihe, gleich, ob ihre Laufzeit fünf, zehn oder dreißig Jahre beträgt, bietet eine Anfangsverzinsung, die als „realer", von der Inflationsrate unabhängiger Ertrag betrachtet werden sollte. Nehmen wir zum Beispiel an, diese neuen Anleihen kommen mit einem Kupon beziehungsweise Zinssatz von 4 Prozent auf den Markt. Wenn man bedenkt, dass mit US-Schatzwechseln 5 Prozent und mehr und mit US-Staatsanleihen rund 7 Prozent zu bekommen sind, erscheint das vielleicht mickerig, aber das ist es nicht. Es sieht nur nach so wenig aus, weil das die Verzinsung ist, *bevor* die Regierung die jährliche Anpassung des Zinssatzes an die Inflationsrate vornimmt. Wir nennen das den „Realzins" – das ist die Verzinsung, die möglich wäre, wenn die Inflation nicht existieren würde. Wir wissen jedoch, dass die Inflation ein beinahe permanenter Bestandteil unseres Lebens geworden ist, und deshalb bietet das US-Finanzministerium zusätzlich zu diesen 4 Prozent Realzins einen Inflationsausgleich an. Sagen wir, 1997 beträgt die Inflation 3 Prozent. Dann beträgt Ihr tatsächlicher Gewinn, das heißt der Zinsertrag, den die Regierung Ihnen zahlt, 4 Prozent plus 3 Prozent Inflationsausgleich, also 7 Prozent. Diese 7 Prozent sehen im Vergleich zu Einlagezertifikaten, langfristigen Schatzanleihen oder sogar Stammaktien doch sehr attraktiv aus. Dieser Inflationsausgleich findet jedes Jahr wieder statt, bis die Anleihe fällig wird; wenn Sie das Papier also bis zum Fälligkeitstermin halten, bekommen Sie einen garantierten Ertrag, der die Inflation um 4 Prozent übersteigt – egal, was passiert.

GRUNDKURS VWL:
Eine kurze Geschichte der Inflation

Inflation ist im Grunde eine Art verkappte Steuer und existiert aus diesem Grund schon solange, wie Regierungen die Macht haben, Geld herzustellen. Um Einkünfte zu erzeugen, können Regierungen Steuern erheben, Kredite aufnehmen oder Geld drucken lassen – und wenn zuviel Geld gedruckt wird, steigen irgendwann die Preise.

Regierungen neigen dazu, in Kriegszeiten besonders viel Geld zu drucken; die Grafik hierzu zeigt, dass sehr hohe Inflationsraten in den Vereinigten Staaten seit dem Beginn des Zweiten Unabhängigkeitskriegs im Jahr 1812 in enger Beziehung zu größeren Konflikten stehen.

Die Entstehung unserer Zentralbank, der Federal Reserve, im Jahr 1913 begünstigte eine im Allgemeinen steigende Inflationsrate, da die Präsidenten der Zentralbank das Wachstum der Geldmenge kontrollieren können und ihr Mandat im Wesentlichen darin besteht, für Wirtschaftswachstum zu sorgen, und nicht darin, jegliche Inflation zu verhindern. Vor dieser Zeit wurden die Vereinigten Staaten oft durch starke Deflation geschwächt, da die monetäre Versorgung durch die vorhandene Goldmenge und die Agrarproduktion bestimmt wurde.

Inflation/Deflation in den USA, 1790 – 1979

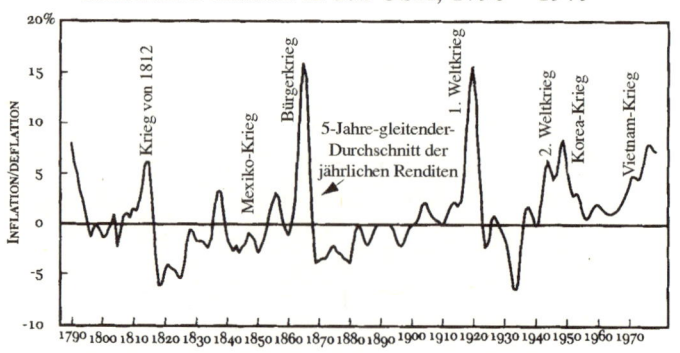

(Quellen: Securities Research Company; U.S. Dep. of Labor; U.S. Dep. of Commmerce)

Das klingt ziemlich gut, oder? Das ist es auch. Die Londoner *Financial Times* rühmte die Anleihen als „risikofreie Anlageform", die „es verdient hat, sofort Freunde zu finden". Im *Wall Street Journal* war zu lesen, dass „konservative Anleger, die Schatzanleihen aus Sicherheitsgründen bevorzugen, vielleicht bald noch weniger Grund zur Sorge haben werden." Ich stimme dem zu. Doch es gibt einen kleinen Haken. Man bekommt zwar die Garantie der Inflation ein Schnippchen zu schlagen, doch wird sich auch der Kurs dieser Anleihe am offenen Markt auf und ab bewegen. Wenn er auch nicht stark schwanken wird, so werden sich diese Anleihen doch in einer Hinsicht von Schatzwechseln oder einem Geldmarktkonto unterscheiden: Wenn Sie die Anleihe vor ihrem Fälligkeitstermin verkaufen müssen, wird der Preis, den Sie bekommen, von ihrem aktuellen Marktwert abhängig sein – und dieser Wert wird schwanken.

Inflationsindex-Anleihen werden in Kanada und Großbritannien schon seit einigen Jahren verwendet – in Kanada seit 1991 und in Großbritannien seit 1981. Auch in anderen Ländern wie zum Beispiel Australien, Neuseeland und Schweden sind sie zum Einsatz gekommen. Eine Auswertung der Erfahrungen dieser Länder und die Anwendung der Berechnungsprinzipien für das Kursverhalten von Anleihen gestatten uns einen Blick in die Zukunft und geben einen gewissen Aufschluss darüber, wie hoch die Volatilität dieser neuen US-Anleihen sein könnte. Vergessen Sie nicht, dass Ihnen ein gewisser „Realzins" bei vollem Inflationsausgleich sicher ist, dass der Kurs der Anleihe selbst jedoch schwanken kann.

Realzins

Werfen Sie einen Blick auf Abbildung 13-1, die den Kurs der kanadischen Inflationsindex-Anleihe seit 1981 darstellt. Sie werden feststellen, dass der neue Titel, dessen Kurs im November 1991 bei fast 100 stand, in den letzten fünf Jahren bis auf 115 geklettert, aber auch bis auf 88 gesunken ist. Die Erklärung: Obwohl die kanadischen Anleger einen Realzins von 4¼ Prozent und einen jährlichen Inflationsausgleich erhielten, war der Kurs der Anleihe Schwankungen unterworfen, die widerspiegelten, wie die Anleger mit dem Realzinssatz zufrieden waren. Zum Zeitpunkt der Erstemission schienen die 4¼ Prozent perfekt zu sein und die Anleihe wurde bei einem Kurs von 100 gehandelt. Anfang 1994 waren die Anleger jedoch bereits der Meinung, dass 4¼ zuviel waren; daher trieben sie den Kurs nach oben und den Realzins nach unten. Später waren ihnen 4¼ Prozent Realzins nicht mehr genug, und der Kurs der Anleihe sank auf 89, so dass der Realzins auf beinahe 5 Prozent stieg.

Abbildung 13-1.
Kursverhalten der kanadischen Inflationsindex-Anleihe,
November 1991 – Mai 1996

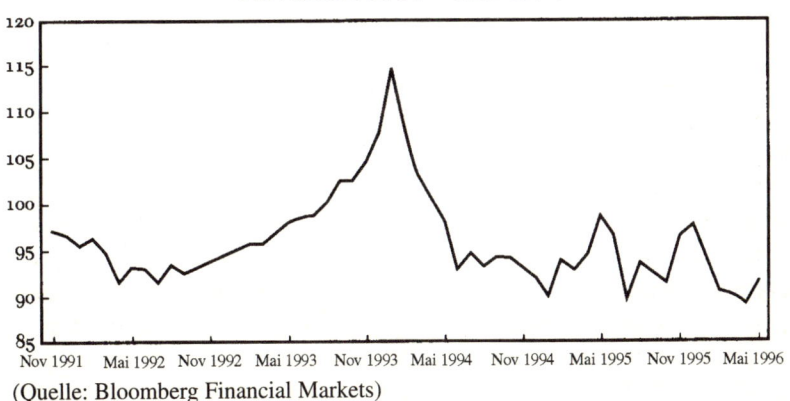

(Quelle: Bloomberg Financial Markets)

Ich möchte Sie hier nicht verwirren, sondern nur darauf hinweisen, dass die US-Inflationsindex-Anleihen im Kurs steigen und fallen werden, wobei es auf die Erwartungen der Anleger sowie auf Angebot und Nachfrage ankommen wird. Stellen Sie sich also auf diese Kursschwankungen und dementsprechend auf einen Gewinn oder Verlust ein, wenn Sie die Anleihen nicht halten, bis sie fällig werden.

Hypothetische Performance-Vergleiche

Trotz dieses vergleichsweise geringfügigen Nachteils sollten diese Anleihen im Portefeuille beinahe jedes Anlegers einen Platz haben. Da sie ihrem Käufer die Gewissheit geben werden, dass seine Kapitalanlage der Inflation überlegen ist, werden Besitzer solcher Anleihen nachts etwas ruhiger schlafen können, ohne sich fragen zu müssen, ob ihr vorhandenes Kapital ausreichen wird, um in Zukunft gegen die zerstörerischen Kräfte der Inflation gewappnet zu sein. Wenn ihre derzeitigen Ersparnisse auch vielleicht nicht ausreichen werden, um ihnen im Ruhestand den gleichen Lebensstandard zu sichern, werden die Anleger doch wissen, dass ihr Kapital inflationsgeschützt ist und ihnen eine Realrendite von rund 4 Prozent einbringt. Vergleicht man das mit anderen verfügbaren Anlagemöglichkeiten und deren inflationsbereinigten Renditen in den letzten 70 Jahren, stehen die Inflationsindex-Anleihen fast an der Spitze. Sehen Sie sich Tabelle 13-1 an.

Tabelle 13-1.
Inflationsbereinigte Anlagegewinne* im Langzeitvergleich

	Durchschn. Gewinn 1926-1995	Durchschn. Gewinn nach Abzug der Inflation	Durchschn. 1946-1995	Durchschn. Gewinn nach Abzug der Inflation
Standard & Poor's 500	10,5%	7,4%	11,9%	7,5%
Langfr. Industrieanleihen	5,7%	2,6%	5,8%	1,4%
Mittelfr. Staatsanleihen	5,3%	2,2%	5,9%	1,5%
30täg. US-Schatzwechsel	3,7%	0,6%	4,8%	0,4%
Inflation	3,1%	–	4,4%	–

*einschließlich Kursveränderungen sowie Zins- und Dividendeneinkünfte
(Quelle: Ibbotson Associates.)

Hätten diese neuen Inflationsindex-Anleihen im selben Zeitraum existiert und eine inflationsbereinigte Rendite von 4 Prozent geboten, wären sie nur von Aktien geschlagen worden – und das bei beträchtlich höherer Volatilität. Zugegeben, das Butler-Creek-Szenario deutet darauf hin, dass festverzinsliche Anleihen in dem von sinkender Inflation geprägten Umfeld bis zum Jahr 2000 recht gut abschneiden werden, aber was kommt danach? Diese Anleihen stellen eine vielversprechende Absicherung dar. Denken Sie auch daran, dass Aktien in Phasen steigender Inflation wie zum Beispiel in den 70er-Jahren überaus schlechte Ergebnisse zeigen. Die Renditen von Inflationsindex-Anleihen mögen zwar langfristig unter denen des Aktienmarkts liegen, doch werden sie für den Fall, dass die Inflation wiederkehrt, unter Umständen ein sanftes Ruhekissen sein.

14. Star sein für eine Viertelstunde

Hypothekentitel mit hohen Zinserträgen

Es gibt gewisse Aussprüche, die Epoche machen und sich schließlich in eine Prophezeiung verwandeln. Was die Medien und unsere moderne Kultur angeht, in der jeder ein Star sein will, fallen mir folgende drei ein: Marshall McLuhans „Das Medium ist die Botschaft", Andy Warhols „Jeder wird fünfzehn Minuten lang berühmt sein" und „Ein Prominenter ist jemand, der für seine Bekanntheit bekannt ist" von dem Historiker Daniel Boorstin. Alle diese Orakelsprüche beschrieben die Kurzlebigkeit derjenigen Art von Ruhm, die das Produkt von Film und Fernsehen ist, im Gegensatz zu Ruhm, der sich auf Leistung gründet. Ich nehme an, dass der Unterschied zum Teil damit zu tun hat, wie lange sich die Öffentlichkeit erinnert. Das Zeitalter der Massenmedien aber hat die Grenze immer weiter verwischt, so dass ein bisexueller Eishockeyspieler, der in der *Oprah Winfrey Show* als Transvestit auftritt, heute ebenso berühmt sein kann wie ein Wissenschaftler, der das für Dickdarmkrebs verantwortliche Gen entdeckt hat. Beide bekommen ihre fünfzehn Minuten und werden dann von der Bühne komplimentiert, damit der nächste Auftritt stattfinden kann.

Dieses Berühmtheitsphänomen ist etwas, das mein Leben seit langer Zeit prägt. Ich bin zwar nicht im gleichen Sinn berühmt wie ein Hollywood-Star, aber auch ich habe schon einige Minuten genossen, und ich muss zugeben, dass Ruhm etwas ist, das ich immer haben wollte – mehr als Geld oder Macht. Hätte ich 1971, als ich bei PIMCO anfing, einen Wunsch frei gehabt, dann hätte ich mir gewünscht, dass eines Tages mein Stern am Firmament aufginge und die Leute sich an meinen Namen erinnerten. Das ist vermutlich ein wenig ungewöhnlich für jemanden in der Investmentbranche. Die meisten Vermögensverwalter würden sich einfach Geld wünschen und die meisten Politiker Macht. Vielleicht würde sich nur ein Künstler stattdessen für Ruhm entscheiden. Wahrscheinlich bin ich das auch – im Grunde meines Herzens – ein ambitionierter Künstler, der nur zufällig sein Geld mit etwas anderem verdient.

Im Lauf der Jahre hat diese Kombination zu einigen absurden Szenen geführt. Zum Beispiel rief ich Anfang der 70er-Jahre (im reifen Alter von 28 Jahren) die Wirtschaftsredakteure von *Time* und *Newsweek* an, um ihnen meine Meinung über den Markt mitzuteilen. Einige gingen sogar ans Telefon. Keiner bot mir an, etwas von mir zu drucken. Eines Tages wurde dann *ich* vom *Wall Street Journal* angerufen. Ich war spät am Nachmittag alleine im Büro und so nervös, dass ich mich rücklings auf den Stuhl kniete (ich hatte meine Knie auf der Sitzfläche und sah über die Lehne). Während ich meine Aussichten für den Anleihemarkt verbreitete, schaukelte ich immerzu vor und zurück. Als wir etwa drei Minuten lang geredet hatten, geriet ich plötzlich zu weit nach vorn, schlug einen Salto und landete auf dem Rücken, das Telefon noch in der Hand. „Ist bei Ihnen alles in Ordnung?" fragte der Reporter. „Muss wohl an der Verbindung liegen", antwortete ich und setzte meinen Sermon, ohne zu zögern, vom Fußboden aus fort. Wenn es mir auch damals nicht bewusst war, hätte ich in diesem Moment im wahrsten Sinne des Wortes nicht tiefer sinken können.

Meine Begegnung mit dem Ruhm kam, um ehrlich zu sein, alles andere als erwartet. Ich hatte McLuhan und Warhol schon früh begriffen, und mir war klar, dass ich niemals „unsterblich" sein würde. Ich wollte aber irgendetwas von mir gedruckt sehen – und das ist mir seither auch mehr als gelungen. Dennoch versuche ich, da ich nun einmal ein unersättlicher Künstler bin, mir einzureden, dass ich mich erst in der siebten der mir zugeteilten fünfzehn Minuten befinde. Aber wenn Ruhm das Ziel ist, wann hat man dann jemals genug? Könnte irgendein *negatives* Druckerzeugnis meinem Streben nach einer Viertelstunde Ruhm ein Ende bereiten? Ich weiß es nicht. Die Antwort darauf gibt wahrscheinlich der letzte Satz dieses Kapitels, aber die meisten von Ihnen wird das nicht besonders interessieren; Sie haben Ihre eigenen Träume. Wenn darin jedoch zufällig auch Ruhm eine Rolle spielt, dann seien Sie vorsichtig. Ruhm ist etwas, das schnell verfliegt, und irgendwann werden Sie und ich in dünner Höhenluft nach Sauerstoff schnappen müssen – gleich, wie viele Berge wir erklommen haben.

Diese verflixten Hypotheken

In der Geschichte des Anleihemarkts hat es einige berühmte – oder vielleicht eher berüchtigte – Phasen gegeben, in denen hypothekarisch gesicherte Wertpapiere und entsprechende Derivate eine Rolle spielten, doch diese Phasen haben leider mehr als eine Viertelstunde gedauert. Die ungeheure Volatilität der letzten Jahre – die Zinsen kletterten von 5¾ Prozent im Dezember 1993 auf 8 Prozent Ende 1994 und änderten dann 1995 ihren Kurs – hat dem Hypothekenbereich sehr geschadet, da die Anzahl der vorzeitigen Tilgungen zunächst abnahm und dann beträchtlich anwuchs. Dieses Hin und Her hat die Anlegerschaft wahrscheinlich zu dem Schluss kommen lassen, dass Hypotheken als Kapitalanlage nicht nur schwer zu verstehen, sondern auch extrem riskant sind.

Das offensichtliche Risiko ergibt sich aus dem Umstand, dass bei einem günstigen Zinsklima theoretisch beinahe alle privaten Hausbesitzer ihre Hypothek vorzeitig tilgen können. Wenn die Zinsen sinken und ein Hausbesitzer umschuldet, haben Sie als Inhaber eines hypothekarisch gesicherten Papiers einen bedeutenden Vermögenswert verloren; der Ertrag Ihres Portefeuilles lässt nach, weil der höhere Zinssatz nicht mehr gegeben ist. In den letzten 15 Jahren, in denen wir einen Bullenmarkt erlebt haben, waren Hypothekentitel für Anleger nicht besonders attraktiv, da die meisten Hypotheken vorzeitig getilgt wurden und nicht mehr existieren. Im Gegensatz zu den heutigen 15-jährigen US-Schatzanleihen mit ursprünglich 30 Jahren Laufzeit sind die 1981 von der staatlichen US-Hypotheken- und Pfandbriefanstalt emittierten Hypothekentitel

(GNMAs) mit Kupons von 16 Prozent praktisch aus der Investmentwelt verschwunden; sie sind fast alle vorzeitig getilgt und zu weit niedrigeren Zinssätzen umgeschuldet worden. Wenn einer dieser 16-Prozent-Titel der Hypotheken- und Pfandbriefanstalt mit einer 8-Prozent-Hypothek umgeschuldet wurde, hat sich der Ertrag für Sie als Anleiheinhaber halbiert; wenn sie dagegen die langfristige US-Schatzanleihe gekauft hätten, bekämen Sie immer noch den hohen Zinssatz, der in den frühen 80er-Jahren ursprünglich angeboten wurde. Das sind die Nachteile von Hypothekentiteln bei einem bullischen Anleihemarkt in Verbindung mit sinkenden Zinsen.

Vielleicht werden die Anleger jedoch überrascht sein, zu erfahren, dass, wenn der Markt volatil ist und die Zinssätze sich so dramatisch bewegen wie in den letzten Jahren, hypothekarisch gesicherte Anleihen wie beispielsweise GNMAs mit 16 oder auch nur 6 Prozent Zinsen immer schwache Ergebnisse zeigen – *und zwar unabhängig davon, ob die Zinsen steigen oder fallen!* Egal, was passiert, Sie verlieren. Das klingt unmöglich? Aber es ist so. Der Grund dafür, dass Hypotheken sowohl im Bullen- als auch Bärenmarkt schlecht abschneiden, ist, dass ihre theoretischen Durchschnittslaufzeiten, die sich aus der Anzahl der erwarteten vorzeitigen Tilgungen ergeben, tatsächlich länger werden, da die Anleger bei steigenden Zinsen nicht mehr davon ausgehen, dass Hausbesitzer ihre Hypotheken vorzeitig tilgen. Das führt dazu, dass die Fälligkeit von Hypotheken genau zur falschen Zeit verlängert wird, nämlich während eines Bärenmarktes. Natürlich passiert bei einem Bullenmarkt das exakte Gegenteil: Die zahlreicheren Tilgungen reduzieren die Restlaufzeit, wie oben beschrieben. Das Endergebnis ist, dass die kurzen Laufzeiten während eines Bullenmarktes und die langen während einer Bärenmarktes zustande kommen – und das ist genau das, was ein Anleiheanleger nicht will. Am Anleihemarkt spricht man dann von einem „negativ konvexen" Portefeuille.

Spitzenergebnisse mit GNMAs

Ich habe Ihnen diese komplizierte Analyse nur zugemutet, um zu erklären, dass Hypothekentitel, da sie Anleger sowohl bei steigenden als auch bei fallenden Zinsen benachteiligen, attraktiv ausgestattet werden müssen, damit Anleger einen Anreiz haben, sie zu kaufen. Sie denken doch nicht, dass eine Institution wie meine Firma PIMCO etwas derart Schlechtes kaufen würde, wenn es nicht wenigstens *gewisse* Vorteile hätte, oder?

Was Hypothekentitel Schatzpapieren und hochqualitativen Industrieanleihen voraus haben, sind die *höheren Erträge*. Aufgrund der Nachteile, die mit der Option zur vorzeitigen Tilgung verbunden sind – und diese Option ist bei praktisch allen Hypotheken gegeben –, müssen Hypothekentitel mit einem weit höheren Zinsertrag aufwarten als andere Anleihen vergleichbarer Qualität. Heutzutage kann man zum Beispiel einen vom US-Finanzministerium garantierten Hypothekentitel (GNMA) mit einer Verzinsung von etwa 8 Prozent erwerben, mit einem Zinsertrag also, der 1½ Prozent oder 150 Basispunkte über dem vergleichbarer US-Schatzpapiere liegt. Abbildung 14-1 zeigt den durchschnittlichen Zinsvorteil von hypothekarisch gesicherten Schuldtiteln gegenüber Alternativen, die der Anleihemarkt heute bietet.

Abbildung 14-1.
Zinsvorteil von hypothekarisch gesicherten Papieren gegenüber US-Schatzpapieren

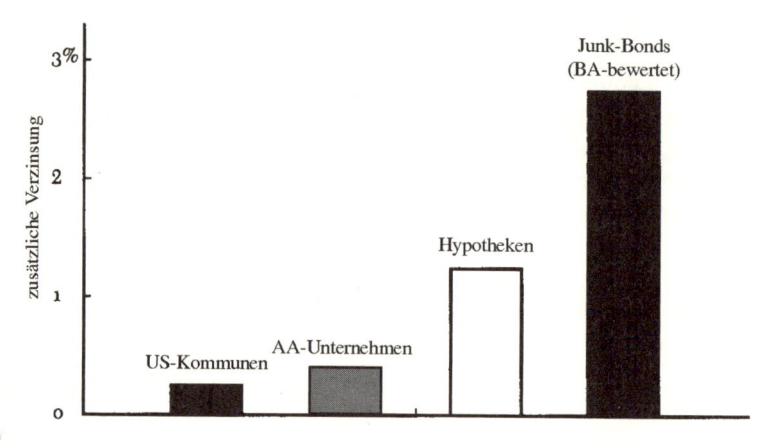

Wie Sie sehen, bieten Hypothekentitel eine höhere Verzinsung als beinahe jeder andere bedeutende Sektor des US-Markts außer hochspekulativen Anleihen und Brady-Bonds (verbrieften Forderungen aus Umschuldungen), deren Bonitätsbewertung schlechter als Baa ist. Für einen Anleger, der auf hohe Qualität achtet, ist der Ertrag, den Hypothekentitel bieten, unschlagbar.

Der Ertrag ist jedoch, wie wir festgestellt haben, nicht das einzige Kriterium, das aus einer Anleihe eine gute Anlage macht. Wenn die Zinssätze volatil sind, verlängert und verkürzt sich die durchschnittliche Laufzeit eines Hypothekentitels genau zur falschen Zeit. Was wäre aber, wenn sich die langfristigen Zinsen verhielten wie der Butler Creek meiner Kindheit? Was wäre, wenn sie sich während des Rests des Jahrhunderts kaum noch veränderten und nur träge zwischen 5 und 7 Prozent pendeln würden? Würden dann nicht hypothekarisch gesicherte Wertpapiere die beste Kapitalanlage überhaupt darstellen, speziell für Anleger, die Aaa-Qualität suchen? Natürlich wäre es so, und das ist auch tatsächlich der Fall.

Hypothekarisch gesicherte Papiere werden in den nächsten drei bis fünf Jahren zu den Anlagen mit dem besten Risiko/Gewinn-Verhältnis am Anleihemarkt gehören. Bei Inflationsraten von 2 Prozent werden Sie nirgendwo sonst in der Lage sein, mit staatlich garantierten Papieren Renditen von annähernd 8 Prozent zu erzeugen. Institutionelle Anleger sollten erwägen, solche Papiere vermehrt in ihre Portefeuilles aufzunehmen, ja sogar 40 bis 50 Prozent ihrer Anleiheportefeuilles in Hypothekentitel zu investieren. Privatanleger, die Schwierigkeiten haben, Anleihen in kleinen Mengen zu erhalten, können problemlos mittels verschiedenster Anleihefonds aktiv werden, die mit Hypothekentiteln arbeiten. Lassen Sie sich von Morningstar oder Value Line ein paar Vier- oder

Fünf-Sterne-Empfehlungen geben. Unabhängig von Ihrem Ansatz sollten Sie in den nächsten Jahren dafür sorgen, dass Ihr Portefeuille randvoll mit Hypothekentiteln ist – einfache GNMAs reichen dabei vollkommen. In einer Finanzwelt, in der Erträge und nicht Kurse entscheiden, sollten Hypothekentitel zuoberst auf Ihrer Liste potenzieller Investitionen stehen. Und was das Streben nach Ruhm angeht – nun, da müssen Sie selbst entscheiden. Ich fürchte, *meine* fünfzehn Minuten sind beinahe um.

15. Der König von Salamasond

Investieren in Schwellenmärkte

*„Ich bin Yertle, die Schildkröte! Mächtiger könnt' ich nicht sein!
Denn alles, was ich hier seh', ist mein!"*
Dr. Seuss, Yertle the Turtle

Sie können Yertle zu mir sagen, wenn Sie wollen. Jeder, der einmal ein paar Maulwurfshügel erklommen hat, wird früher oder später größenwahnsinnig wie Yertle – und da ich auch nur ein Mensch bin, habe ich mich bestimmt nicht weniger oft hinreißen lassen als jeder andere. Ich jammere zum Beispiel, dass die Steuern, die ich an den Bundesstaat und die Bundesregierung zahle, ausreichen würden, um den Haushalt mehrerer Städte zu decken. Ich bemerke insgeheim, dass jeder zweite Angestellte meiner Firma seinen Arbeitsplatz mir verdankt. Ich brumme vor mich hin „Ein schönes Leben ist die beste Rache", während ich an ehemalige Bekannte denke, die mir in den Rücken gefallen sind oder nicht an mich geglaubt haben. Das wäre sicher alles Material für Dr. Seuss.

Wenn ich so auf den Rücken der anderen Schildkröten in meiner Nähe herumklettere, schaue ich allerdings doch manchmal nach unten und dann sehe ich das Leben aus einem anderen Blickwinkel. Ich erkenne dann, dass nicht ich Tausenden von Menschen helfe, sondern dass Millionen und Abermillionen von Menschen mir geholfen haben. Natürlich jeder in meiner Firma, aber auch Menschen in vergangenen Jahren, ja sogar vergangenen Jahrhunderten, von deren Erbe ich profitiere. Es ist, als ob ich eigentlich nicht auf den Panzern meiner Artgenossen stünde, sondern auf dem immensen Korallenriff der Geschichte.

Man könnte sich beliebig weit in die Vergangenheit zurückbegeben, um alle seine Verpflichtungen zu rekonstruieren, aber als Kalifornier möchte ich im 19. Jahrhundert anfangen und zwar in der Nähe der kontinentalen Wasserscheide. Jedes Mal, wenn ich in Wyoming in der Nähe der Tetons, in Utah in der Nähe der Wasatch-Kette oder in Colorado hoch oben in den Rocky Mountains bin, frage ich mich unwillkürlich: „Wie haben die das nur geschafft?" Ich meine die Menschen, die den amerikanischen Westen besiedelten. Wie bezwangen sie dieses Gebirge? Welche Opfer mussten sie bringen? All das ist beinahe unfassbar und nur die wenigsten von uns heutigen Stubenhockern könnten sich auch nur vorstellen, es zu versuchen. Doch die Siedler taten es – und das Ergebnis sind mein Haus, die Gemeinde, in der ich lebe, und die Vereinigten Staaten, wie wir sie heute kennen. Wir schulden den Siedlern enorm viel.

Wenn Sie im Osten wohnen, können Sie einmal darüber nachdenken, welche Opfer nötig waren, um so etwas Einfaches wie Trinkwasser in die Stadt New

York zu bringen. Als am Anfang des 20. Jahrhunderts ein Labyrinth aus Aquädukten und Tunneln angelegt wurde, das im Norden des Bundesstaates New York begann und bis nach Manhattan reichte, ließen Hunderte von Einwanderern ihr Leben, darunter viele Iren. Jedes Mal, wenn Sie den Wasserhahn aufdrehen – Sie wissen schon, was ich meine. Millionen von Menschenleben, die das Riff bilden, von dem wir leben. Und natürlich will ich die Lehrer, Ärzte und Wissenschaftler nicht vergessen, die unser heutiges Leben möglich gemacht haben. Ich verdanke mein Leben Alexander Fleming, der 1928 das Penicillin entdeckte. Als ich 1946 fast an Scharlach gestorben wäre, beschlossen die Ärzte, die mit ihrem Latein am Ende waren, es mit diesem Wunderheilmittel aus dem Zweiten Weltkrieg zu probieren. Zwei Wochen später spielte ich schon wieder zu Hause, wenn auch mein verlängerter Rücken mehr Löcher aufwies als ein Nadelkissen. Danke, Alexander Fleming.

Der König von Salamasond hatte sich selbst zum König erklärt. Schildkröten kennen aber keine Könige; es gibt nur Milliarden von Schildkröten, die auf ihre eigene Weise ums Überleben kämpfen und es ihren Freunden und zukünftigen Generationen von Schildkröten ermöglichen, ein kleines Bisschen besser zu leben.

Die internationale Lösung

Am Aktienmarkt ist die Luft heutzutage recht dünn und wahrscheinlich gibt es Millionen von Yertles, die glauben, das Leben bestehe nur aus 20-prozentigen Jahresrenditen. Man sollte allerdings einen Bullenmarkt nicht mit genialem Investment verwechseln, so wie Yertle sich nicht selbst zum König erklären hätte sollen, nur weil er es geschafft hatte, vorübergehend nach ganz oben zu gelangen. Die Zeiten der zweistelligen Renditen sind vorbei, wie ich in den vorhergehenden Kapiteln erklärt habe, und es ist an der Zeit, eine neue Strategie zur Königin zur erklären.

Zu dieser neuen Strategie gehört, wie im letzten Kapitel erläutert, dass man höhere Erträge in Bereichen anstrebt, in denen dadurch kein beträchtliches Mehrrisiko entsteht. Auf der anderen Seite spricht vieles dafür, zusätzliche Risiken in Bereichen einzugehen, die für die heutigen, globalisierten Investmentkreise attraktiv geworden sind. Ich spreche von den Schwellenmärkten und von der Anziehungskraft, die sie auf Anleger ausüben, die ihre Gesamtrendite lieber näher an die 10-Prozent-Marke heranbringen würden, als sie in der Region um 6 oder 7 Prozent zu sehen. Die Märkte in Schwellenländern sind vor allem deshalb attraktiv, weil diese Länder ein höheres Wirtschaftswachstum aufweisen und daher schnellere Renditesteigerungen durch Wiederanlage von Gewinnen zulassen als die USA und andere Industrienationen. Über längere Zeiträume gesehen, fließt Beteiligungskapital normalerweise dorthin, wo das höchste Wachstum herrscht – und in der Zukunft, speziell in einem Butler-Creek-Umfeld, werden die Schwellenmärkte am schnellsten wachsen.

Abbildung 15-1.
Wertentwicklung von Aktien an Schwellenmärkten

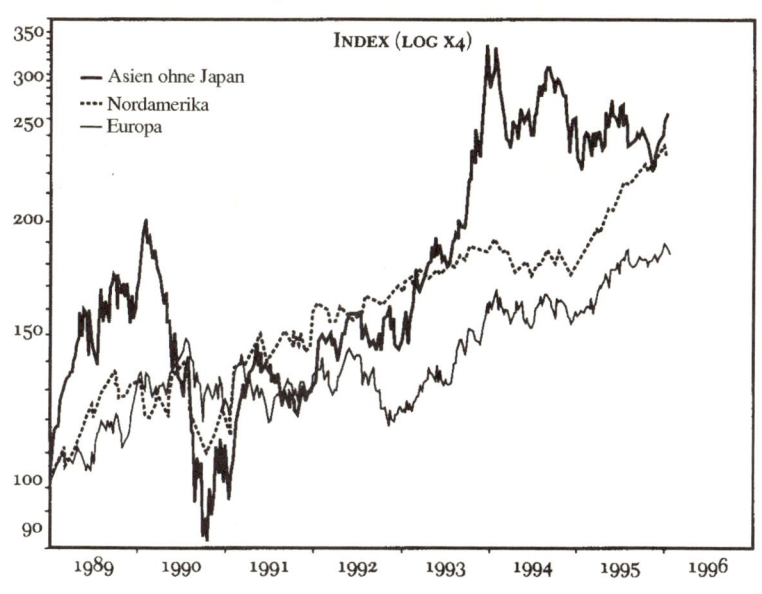

Legende:
— Asien ohne Japan
···· Nordamerika
— Europa

INDEX (LOG X4)

(Quelle: Datastream)

Abbildung 15-1 zeigt die Aktiengewinne der letzten sechs Jahre in Asien und zum Vergleich die Gewinne in den Industrienationen. Zwar ist eine gewisse Volatilität nicht ausgeblieben, aber die Gewinne sind besonders denjenigen in Europa weit überlegen.

Die billigste Möglichkeit, in Aktien aus Schwellenländern zu investieren, ist, an der New Yorker Wertpapierbörse Anteile an einem geschlossenen Investmentfonds zu kaufen. Diese Fonds werden normalerweise mit einem Abschlag vom Marktwert gehandelt. Ja, allen Ernstes: Man kann sie gewöhnlich zu einem Preis erwerben, der 10 bis 15 Prozent unter dem effektiven Wert der entsprechenden Vermögensgegenstände liegt. Meine persönlichen Bestände an Auslandsaktien befinden sich fast vollständig in geschlossenen Investmentfonds. Die wöchentlich erscheinende Finanzzeitschrift *Barron's* listet jede Woche alle erhältlichen Fonds und die betreffenden Abschläge vom Marktwert auf.

Das verminderte Risiko von Schwellenmärkten

Auch die Anleihemärkte von Schwellenländern sind attraktiv. Sie warten mit Zinssätzen von 10 Prozent und mehr auf und bieten um mindestens 4 Prozent höhere Erträge als vergleichbare Alternativen in den USA, Europa und Japan. Wäre das *Risiko* einer Investition in solche Aktien und Anleihen akzeptabel, hätten wir naheliegenderweise den Ansatz einer attraktiven langfristigen Strategie. Ich möchte diese Möglichkeit auf den nächsten Seiten ausloten.

GRUNDKURS VWL:
Was sind die Schwellenmärkte?

Bevor 1989 der eiserne Vorhang fiel, wurden einige Gegenden der Erde als die „Dritte Welt" oder als „Entwicklungsländer" bezeichnet. Heute spricht man von „Schwellenländern" und entsprechend von „Schwellenmärkten", was weit optimistischer klingt. Der Grund für diese neue Sichtweise ist in der Belebung des weltweiten Handels und dem Abbau von Zollbarrieren und Importquoten zu sehen – unsere amerikanische Ideologie des Kapitalismus hat sich praktisch überall durchgesetzt. Man sieht diese Länder nicht mehr als unterentwickelt an, sondern als bereit für den Aufbruch ins freie Unternehmertum. Da fast alle von ihnen zumindest über einen rudimentären Kapitalmarkt verfügen, nennt man die Aktien- und Anleihemärkte dieser Länder „Schwellenmärkte".

Schwellenmärkte sind fast in allen Ländern Asiens und Südamerikas zu finden. Das Gleiche gilt mittlerweile auch für Osteuropa. Da die Volkswirtschaften dieser Länder noch immer relativ unterentwickelt sind, übertrifft ihr langfristiges Wirtschaftswachstum meist das der Vereinigten Staaten. Achten Sie jedoch auf Schlaglöcher: Wahrscheinlich wird uns die Zukunft noch weitere Krisen wie in Mexiko bescheren.

Die mit Schwellenmärkten verbundenen Risiken betrachtet man am besten aus einem säkularen Blickwinkel, wie ich ihn bisher in diesem Buch empfohlen habe. Vertiefen wir uns zuerst in unsere Geschichtsbücher. Wir erfahren, dass die heutigen Schwellenländer – wie zum Beispiel China, Mexiko, Argentinien und Brasilien – in den letzten 95 Jahren zumeist schlechte Anlagegelegenheiten boten. Viele dieser Länder haben es mindestens einmal versäumt, ihren Zahlungsverpflichtungen nachzukommen, und haben Privateigentum beschlagnahmt, um Vermögen „zum Wohl des Volkes" zu verstaatlichen. Logisch betrachtet, sollte allein diese Tatsache schon ausreichen, um Privatanleger davon abzuhalten, ihnen Kapital zukommen zu lassen.

Doch mit dem Fall des eisernen Vorhangs 1989 setzte ein dramatischer Wandel ein, der das Risiko eines zukünftigen Zahlungsverzugs beträchtlich zu verringern verspricht. Ich will das erklären: Der Fall des eisernen Vorhangs bedeutete mehr als die Niederlage des Kommunismus und den Siegeszug des Kapitalismus; er war auch das Signal für die beschleunigte Entwicklung eines globalen Handelsnetzes. Einerseits wurden so Osteuropa und Russland zu potenziellen Handelspartnern; andererseits machten sich sowohl Anleger als auch souveräne Staaten eine Einstellung zu eigen, die von Zusammenarbeit und gegenseitigen Verpflichtungen geprägt war. Wenn der Wohlstand einer Nation davon abhängt, wie gut sie mit ihren globalen Nachbarn zusammenarbeitet und wie viel Vertrauen sie bei diesen genießt, ist es weitaus schwieriger, Vereinbarungen einfach aufzukündigen. In den 50er-Jahren zum Beispiel konnte sich

Castros Kuba ohne größere Probleme weigern, seine Schulden gegenüber den USA zu begleichen, da Russland eine vielversprechende Alternative zur einstigen Kapitalquelle USA zu sein schien. 1931 konnte sich Brasilien ohne größere Probleme seinen Verpflichtungen entziehen, da der Export in die Vereinigten Staaten und nach Europa keinen beträchtlichen Anteil am Bruttosozialprodukt ausmachte und ein Ausbleiben weiterer Darlehen oder eine zukünftige Verminderung des Handels mit dem Westen noch zu verschmerzen war. Die wirtschaftlichen Folgen waren daher gering.

Heute ist es anders: Es gibt keine kommunistische Supermacht mehr, an die sich überschuldete Schwellenländer hilfesuchend wenden könnten, und diese Länder sind so weitgehend abhängig von den Vorteilen des globalen Handels geworden, dass die Folgen eines Zahlungsverzugs heute ernster wären. Wer heute seinen Verpflichtungen nicht nachkommt, muss eine schmerzliche Zeitstrafe auf dem Sünderbänkchen der Finanzwelt absitzen, während die Nachbarländer munter weiterspielen und Tor um Tor erzielen beziehungsweise ihr Wirtschaftswachstum steigern und den Wohlstand ihrer Bürger vermehren.

Heute ist das gesamte Umfeld anders und es sind eindeutig die Gläubiger und die Freischärler des Kapitalmarkts, die im Vorteil sind. Für Anleger bedeutet das, dass Investitionen an Schwellenmärkten eine attraktive Idee sein können, solange Kurs und Timing stimmen. Das Risiko ist heute aufgrund säkularer Veränderungen im globalen sozio-politischen Umfeld geringer. Das Renditepotenzial sieht daher attraktiver als in früheren Jahren aus.

DER SCHLAUE ANLEGER:
Offene und geschlossene Investmentfonds

Die meisten Privatanleger investieren in sogenannte offene Investmentfonds. Fidelity Magellan ist zum Beispiel ein offener Fonds, weil dort sowohl neue Einlagen als auch Entnahmen weiterhin akzeptiert werden. Ein geschlossener Investmentfonds akzeptiert dagegen nur zum Zeitpunkt seiner Auflegung eine bestimmte Kapitalmenge. Seine Vermögensgegenstände können mindestens ebenso im Wert steigen wie die eines offenen Fonds, aber neue Beiträge werden nicht angenommen.

Geschlossene Investmentfonds sind im Grunde Beteiligungen, die an einer Börse, gewöhnlich der New Yorker Wertpapierbörse, gehandelt werden. Um nach der Erstemission ein- oder auszusteigen, muss man Anteile von jemandem kaufen beziehungsweise an jemanden verkaufen, genau wie es bei einer Aktie der Fall wäre. Aufgrund dieser Eigenschaft differiert der Kurs der Anteile oft vom effektiven Wert der zugrunde liegenden Vermögensgegenstände. In den letzten Jahren war es möglich, Anteile an geschlossenen Investmentfonds mit einem Abschlag von ihrem eigentlichen Wert zu erwerben – ein klarer Vorteil für Käufer von Anteilen an geschlossenen Fonds.

Ein weiterer bedenkenswerter Faktor beim Kaufen oder Verkaufen an Schwellenmärkten sind globale Liquiditätszyklen, deren Auf und Ab sich über mehrere Jahre erstreckt. Die Krise, die Ende 1994 Mexiko und viele südamerikanische Staaten erfasste, war die Folge exzessiver kurzfristiger Kreditaufnahme und schneller politischer Veränderungen, doch die fundamentale Triebkraft hinter der Verschlechterung der Situation beinahe aller Schwellenmärkte für Aktien und Anleihen war die Verknappung der Liquidität durch die G3 – die Vereinigten Staaten, Deutschland und Japan. Diese drei Hauptzentren der industrialisierten Welt sind weitgehend für die Liquiditätsströme unseres heutigen globalisierten Marktes verantwortlich. Sie bilden den Kern unserer Wirtschaftswelt. In einer gewissen Entfernung von diesem Zentrum finden wir die „Möchtegerne" wie Frankreich, Spanien und Großbritannien und an der Peripherie die Schwellenländer (vgl. Abb. 15-2).

Abbildung 15-2.
Die Zirkel der wirtschaftlichen Macht

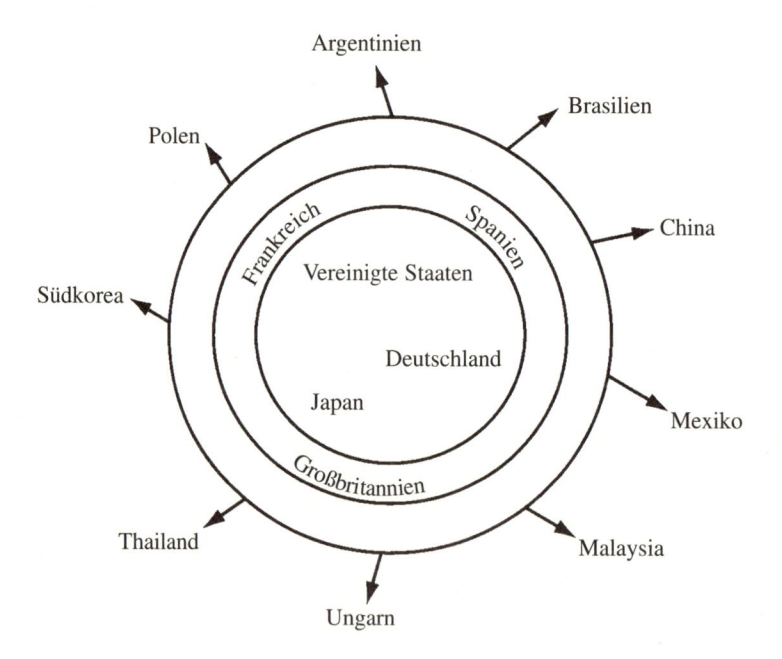

Das Wohlergehen der Länder außerhalb des Mittelkreises ist mehr oder weniger vom Verhalten der G3 abhängig. Wenn die Zentralbanken der USA, Deutschlands und Japans gleichzeitig überschüssige Liquidität abpumpen, ist anzunehmen, dass es den Schwellenländern gut geht. Wenn die G3 die Liquidität reduzieren, indem sie die Zinsen anheben und die Geldmenge verknappen, leiden darunter ihre Nachbarn, die auf sie angewiesen sind. Letzteres war 1993 und 1994 tatsächlich der Fall. Alle G3-Staaten betrieben eine restriktive Geldmengenpolitik mit übertrieben hohen Zinsen, die nicht nur ihr eigenes Wirtschaftswachstum hemmte, sondern auch den Ländern an der Peripherie Investitionsmittel entzog. Als diese Politik jedoch 1995 revidiert wurde und alle G3-Staaten die Zinsen senkten, begannen die Schwellenländer wieder aufzuleben. Man sollte also dann in Schwellenmärkten investieren, wenn die G3 die Zinsen senken und sich zurückziehen, wenn sie sie erhöhen. Das ist eine einfache Regel, die sich aber in den kommenden Jahren bewähren sollte. Wenn die G3-Staaten nicht im Gleichschritt marschieren, ist weniger klar, wie man sich zu verhalten hat.

In welchen Ländern man investieren sollte

In welchen Ländern sollte man also (in Aktien oder Anleihen) investieren? Nun, es ist schwierig, bestimmte Länder zu nennen, da sich Kurse und Situationen schnell ändern können und spezifische Empfehlungen schon völlig überholt sein können, wenn dieses Buch schließlich im Handel erhältlich ist. Aber es gibt eine Reihe von Kriterien, auf die Sie immer Wert legen sollten, ob Sie nun an einem Schwellenmarkt investieren oder nicht. Die Kriterien sind folgende:

1. Beste Aussichten auf überdurchschnittliches Wirtschaftswachstum (mindestens 4 Prozent reales Wachstum)
2. Eine stabile politische Lage
3. Im Verhältnis zum Bruttoinlandsprodukt niedriger Verschuldungsgrad (unter 60 Prozent)
4. Ein Außenhandelsüberschuss (ersatzweise ein Außenhandelsdefizit, das *nicht* konsumorientiert ist)
5. Ein Rechtssystem, das das Eigentumsrecht von Privatpersonen und Unternehmen schützt
6. Eine hohe Sparquote

Gegenwärtig entspricht *kein* Land allen diesen Kriterien. Doch viele Schwellenländer erfüllen fünf der sechs Bedingungen und Anleger, die höhere Gewinne in einem langfristig risikoärmeren Umfeld wollen, sollten sich dort zuerst umsehen. Nach meiner Analyse führen derzeit Indien, Singapur und Chile die Riege an, obwohl die gegenwärtigen Kurse in diesen Ländern, wie gesagt, unter Umständen den Gedanken nahe legen, eine Investition noch aufzuschieben. Wer ein wenig risikofreudiger ist, ist sicherlich gut beraten, sich mit Wertpapieren aus China, Thailand, Argentinien und Brasilien zu beschäftigen. Wie ich in diesem Kapitel schon erwähnt habe, sollten Anleger, die sich an Schwellenmärkten engagieren wollen, über geschlossene Investmentfonds nachdenken.

Brady-Bonds

Was Anleihen angeht, können Privatanleger an Schwellenmärkten sowohl in offene als auch in geschlossene Anleihefonds investieren. Wohlhabendere Anleger mit mindestens 100.000 Dollar und Institutionen wie meine Firma PIMCO können direkt in die verschiedensten Schuldtitel investieren, von denen viele durch US-Schatzanleihen gesichert sind. Diese Anleihen heißen „Brady-Bonds", nach dem ehemaligen Finanzminister der USA Nicholas Brady, der zwar nicht die Idee hatte, sie ins Leben zu rufen, aber wenigstens so klug war, ihnen seinen Segen zu erteilen. Die in Abbildung 15-3 dargestellten Brady-Bonds mehrerer Länder unterscheiden sich alle leicht voneinander, aber ihnen ist gemeinsam, dass der Nennbetrag des Titels zum Fälligkeitstermin sowie die innerhalb von einem oder zwei Jahren anfallenden Zinszahlungen durch US-Schatzpapiere gesichert sind, die bei einer großen New Yorker Bank hinterlegt sind.

Abbildung 15-3.
Der Brady-Bond-Markt, US-Dollar-Emissionen
(nach dem derzeitigem Umlaufvolumen)

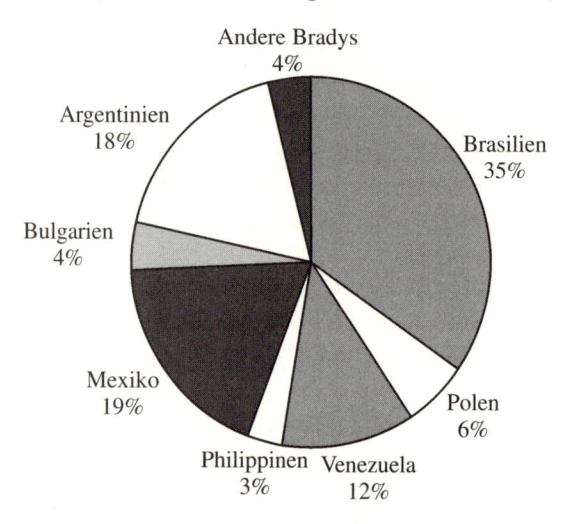

Andere Bradys 4%
Argentinien 18%
Brasilien 35%
Bulgarien 4%
Mexiko 19%
Philippinen 3%
Venezuela 12%
Polen 6%

Wäre Mexiko 1994 seinen Verpflichtungen aus Cetes-, Tesobono- und Brady-Bonds nicht nachgekommen, dann wären Inhaber von Titeln der ersten beiden Kategorien theoretisch leer ausgegangen, während Brady-Bond-Inhaber einer Anleihe mit einem Pari-Wert von 1.000 Dollar, der vor der Krise zu 630 Dollar gehandelt worden war, immerhin noch 220 Dollar an Anleihekapital und Zinsen zurückbekommen hätten. Mit anderen Worten: *Die mexikanischen Brady-Bonds waren etwa zu einem Drittel durch US-Schuldtitel garantiert.* Tabelle 15-1 zeigt die entsprechenden Werte für Schuldtitel aus Mexiko und anderen Schwellenländern unter Verwendung des heutigen Marktkurses.

Tabelle 15-1.
Prozentualer Teil des vom US-Finanzministeriums
garantierten Brady-Bond-Wertes

	Pari-Wert	Marktwert (B)	Besicherung durch US-Finanzministerium (C)	Garantierter Prozentsatz (C/B)	Verzinsung bis Fälligkeit
Mexiko	1000 $	680 $	230 $	34 %	9,5 %
Argentinien	1000 $	600 $	200 $	33 %	10,2 %
Brasilien	1000 $	570 $	200 $	35 %	10,5 %
Venezuela	1000 $	600 $	220 $	36 %	11,5 %

Diese Bürgschaft des US-Finanzministeriums ist ein wichtiges Argument dafür, Schuldtitel an Schwellenmärkten zu kaufen, darf aber nicht allein den Ausschlag geben. Schließlich sind diese Märkte extrem volatil und zeigen Kursmuster, die eher für Aktien mit hohen Beta-Werten (also mit hohem Risiko) typisch sind als für festverzinsliche Wertpapiere. Außerdem ist der Wert dieser Brady-Bonds, wie an der Tabelle abzulesen ist, ungefähr zu drei Fünfteln abhängig von der Kreditwürdigkeit des Landes selbst – und in diesem Punkt müssen Sie sich auf eine Analyse der vorhin erwähnten Ländermerkmale stützen. Keines der Länder in Abbildung 15-3 erfüllt alle Voraussetzungen. In Mexiko zum Beispiel ist die politische Lage derzeit (Ende 1996) sicher nicht stabil und die Sparquote ist nicht hoch. Trotzdem bieten mexikanische Anleihen mit einer Verzinsung von über 10 Prozent Anlegern unter Umständen eine Gelegenheit, die Gesamtrendite ihres Portefeuilles näher an den zweistelligen Bereich heranzubringen, da der Zinsertrag dieser Anleihen den 6 oder 7 Prozent, die der US-Markt zulässt, überlegen ist. Brady-Bonds machen einen hohen Prozentsatz der Bestände von Anleihefonds aus, die an Schwellenmärkten investieren und Privatanlegern offen stehen.

Ähnlich wie in anderen Bereichen ist ein diversifizierter Ansatz mit prozentual begrenztem Engagement die richtige Methode, in Schuldtitel an Schwellenmärkten zu investieren. Beispielsweise investieren meine PIMCO-Fonds grundsätzlich höchstens 5 Prozent unseres Gesamtportefeuilles in solche Titel – Privatanleger dagegen, die die mit volatilen Märkten verbundenen Risiken tragen können, mitunter bis zu 10 Prozent. Doch Zwischenfälle können jederzeit passieren, und am besten ist es, nicht nur die Rendite seines Portefeuilles in die Höhe zu schrauben, sondern nachts auch gut schlafen zu können. Um sich das vor Augen zu halten, brauchen Sie nur an den armen Yertle zu denken, der nicht lange König von Salamasond blieb.

16. Mickey im Wunderland

Warum der Butler Creek für Anleihen spricht

Manchmal sitze ich so zu Hause und lese Sachen über mich selbst. Früher hatten Kinder ganze Sammelalben über mich. Irgendwann mögen sie die dann nicht mehr und schicken sie mir. Für mich könnten die genauso gut über Musial oder DiMaggio sein. Es ist, als ob man über jemand anderen liest.

Mickey Mantle

Am Sonntag war meine Wenigkeit, der Pater Guido Sarducci der Katholiken, wieder in der Kirche. Ich dachte über das Leben nach und musste gleichzeitig dafür sorgen, dass sich mein achtjähriger Sohn Nick möglichst ruhig verhielt. Auf einem Heft mit Liedtexten, das der Saint-Catherine-Gemeinde gehörte, skizzierte er etwas, das meine Frau für eine Darstellung der Stationen des Kreuzwegs hielt, das aber laut Nicks Erklärung das Diagramm eines Spielzugs war, den er am Nachmittag beim Eishockey einsetzen wollte. Dann brachte er mich in die Bredouille, indem er fragte: „In der Kirche ist es langweilig, oder, Papa?" Ich frage Sie: Was hätte jeder Mann, der an diesem Morgen das Spiel der 49ers verpasste, geantwortet? Hätte ich etwa im Angesicht des Herrn lügen sollen? „Manchmal schon", antwortete ich schließlich, „aber dafür kannst du auch viel lernen, also hör auf, hier deine Spielzüge hinzukritzeln, und pass auf, was der Pfarrer sagt." Puh! Das war knapp.

Ich gab mich also nicht länger Tagträumen von Jerry Rice hin, sondern lauschte selbst der Predigt. Der Pfarrer sprach von der Bedeutung des Körpers und seiner Auffahrt in den Himmel. Die Katholiken glauben, dass der Körper ein wichtiger Bestandteil des menschlichen Geistes ist, und dass *beide* auf die letzte Reise gehen müssen, so wie es bei Jesus war. „Hm", dachte ich mir, ganz der ewige Skeptiker, „aber welcher Körper soll denn nun auf die Reise gehen? Ich hoffe, dass wir nicht alle als Neunzigjährige in den Himmel kommen, mit Arthritis, runzliger Haut und Blaseninkontinenz. Wenn es dort oben Spiegel gibt, dann würde ich darin viel lieber einen schneidigen 28-jährigen mit vollem Haar und schlanker Taille wiedererkennen. Und, lieber Gott, da ich gerade bei Wundern bin – könntest du mir, falls ich in den Himmel komme, wieder eine stärkere Blase geben, so dass ich acht Stunden himmlisch durchschlafen kann und während deiner Geschäftsbesprechungen Kaffe trinken kann, ohne alle 30 Minuten verschwinden zu müssen?"

Nun ja, ein Gedanke führte zum nächsten, und irgendwann dachte ich darüber nach, wie Mickey Mantle, der Baseballstar, früher über seine Zeit bei den

Yankees gesprochen hatte. Im letzten Abschnitt seines Lebens erinnerte er sich anscheinend kaum noch an den Mickey Mantle, der Jahre zuvor 500 Homeruns erzielt hatte. Er war sich nicht mehr ganz sicher, wer er einmal gewesen war, oder vielleicht erinnerte er sich nicht mehr. Es war, als stünde er vor der Wasserpfeife rauchenden Raupe in Lewis Carrolls *Alice im Wunderland*: „‚Weeer' bist ‚duuu'?" fragt die Raupe, und Alice, Mickey und vielleicht wir alle sind nie ganz sicher, wie die Antwort heißt. Ist unser wahres Ich gleichzusetzen mit unserer Seele und unserem Körper in der Blüte der Jugend oder sind wir das, was wir am Ende unseres Lebens werden?

Das ist eine schwierige Frage. Auf den ersten Blick scheint die Antwort zu sein, dass wir das sind, wozu wir uns zuletzt entwickeln. In der westlichen Kultur beschreibt man das Leben gern als Kontinuum. Man beginnt am Punkt A, lernt und sammelt Erfahrungen und findet schließlich, ganz zuletzt, heraus, wer man ist und was das Leben für einen Sinn hat. Aber warum nehmen wir eigentlich an, dass uns der Sinn des Lebens am Punkt Z am klarsten wird und nicht bei M oder Q? Wie Hemingway einmal schrieb: „Alte Männer werden nicht weise, sondern vorsichtig." Außerdem werden sie natürlich senil und leiden an der Alzheimer-Krankheit – und es geht in jeder möglichen Hinsicht bergab mit ihnen statt bergauf.

„Na und?" werden Sie fragen. Na ja, ich sitze immer noch in der Kirche, versuche, Nick zu bremsen, und überlege mir, welchen Körper ich gerne im Himmel hätte. Ich muss aber auch darüber nachdenken, welchen Geist und welche Seele ich gerne dazu hätte: den ketzerischen, bissigen, energiegeladenen, ungestümen Geist meiner Jugend oder meine verständnisvollere, erfahrenere, eher abgeklärte Seele von heute?

Was war besser? Was war echt? Warum sollte das eine fortbestehen und das andere nicht? Niemand hat uns je versprochen, dass das Spiel des Lebens eine leichte Lösung haben würde. Stattdessen nur schwierige Fragen: „Weeer" bist „duuu"? Ja, wer?

Aktien für alle Ewigkeit?

Ich habe noch eine schwierige Frage für Sie: „Weeer" sind eigentlich diese Gurus der Märkte, die wollen, dass Sie im nächsten Jahrtausend Ihr *gesamtes* Geld in Aktien anlegen? Wer sind diese Experten, die sich einfach nicht vorstellen können, dass Anleihen in einem diversifizierten Portefeuille vielleicht auch einen Platz verdienen? Die Gurus wären natürlich schnell mit einer Antwort bei der Hand: Sie würden auf Abbildung 16-1 verweisen und sagen, dass es wohl nichts gibt, das langfristig überzeugender sein könnte.

Abbildung 16-1.
Inflationsbereinigte Renditen verschiedener Anlageformen, 1801 – 1994

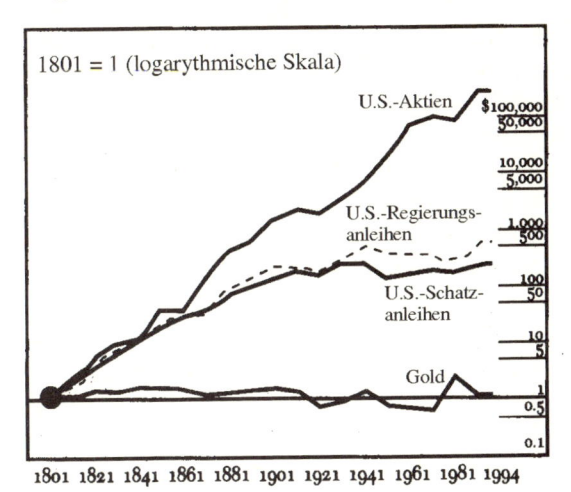

(Quelle: *Stocks for the Long Run* von Jeremy J. Siegel)

Diese Graphik, die ich aus Jeremy Siegels *Stocks for the Long Run* habe, zeigt eindrucksvoll, dass Aktien seit Anfang des 19. Jahrhunderts inflationsbereinigt um ein Vielfaches profitabler sind als US-Schatzanleihen und -wechsel sowie Gold. Aus einem in Aktien investierten Dollar wären im Lauf dieser Zeit mehr als 100.000 geworden, während der Inhaber einer Schatzanleihe heute nur rund 600 Dollar besäße. Abgesehen von diesem bemerkenswerten Unterschied in punkto Anlagerendite weist Siegel darauf hin, dass der Aktienmarkt die langfristigen Anleihen im Durchschnitt um 3,1 Prozent jährlich übertroffen hat und dass – wenn man die gesamten 195 Jahre in 25-Jahres-Abschnitte einteilt – Anleihen nur in 26 solchen Abschnitten beziehungsweise in 15 Prozent der Fälle mehr Erfolg brachten als Aktien. Übrigens entfällt keiner dieser Zeiträume auf das 20. Jahrhundert.

Nun, ich bin jemand, der in Las Vegas eine schöne Stange Geld mit Blackjack verdient hat. Ich setze immer dann große Beträge, wenn die Chancen 51 zu 49 für mich standen. Und ausgerechnet ich will jetzt darauf hinaus, dass man auch dann passen sollte, wenn eine Wahrscheinlichkeit von mindestens 85 zu 15 für Aktien spricht?

Ein Platz für Anleihen

Halt, nicht so schnell. Ich habe mich über die Gurus ausgelassen, weil sie anscheinend nie bereit sind, zuzugestehen, dass Anleihen überhaupt irgendwo einen Platz verdient haben. Aber wenn Sie sich an meine Darlegung des Ruinproblems in Kapitel 8. erinnern, werden Sie erkennen, wie riskant es ist, alles auf einmal zu setzen, selbst wenn die Chancen günstig stehen. Man kann immer noch eine beträchtliche Summe verlieren. Wissen Sie noch, wie der Aktienmarkt von 1972 bis 1975 um über 40 Prozent fiel? Erinnern Sie sich an den Oktober 1987? Ich weiß, dass viele Anleger das nicht tun, aber sie sollten es. Das ist ein Argument, das dafür spricht, Anleihen in fast jedes Portefeuille aufzunehmen, unabhängig vom jeweiligen langfristigen Anlageziel.

Ein weiterer Grund, weswegen man seine Anlagen streuen und nicht zu 100 Prozent in Aktien investieren sollte, ist paradoxerweise der beinahe allgegenwärtige Glaube, dass Aktien ein Allheilmittel sind. Wenn die Anleger so restlos überzeugt sind, dass Aktien die langfristige Lösung sind, die ihnen ein sorgloses Leben erlaubt, dann weiß man, dass etwas nicht stimmt. Es besteht immerhin die Möglichkeit, dass wir uns unmittelbar vor einer der mit 15 Prozent vertretenen Phasen befinden, die die Wertentwicklung von Anleihen begünstigen, denn in unserer Wirtschaft stehen die Zeichen auf Niedrigwachstum, wie ich in Teil II dieses Buches erklärt habe. Es ist so, wie Peter Bernstein, ein hochangesehener Wirtschaftswissenschaftler und Anlageberater für Stiftungen, schreibt: „Die heutigen Datenbanken sind randvoll mit Aufzeichnungen einer unablässigen Aufwärtsbewegung, aber ob Sie es glauben oder nicht, das Leben war nicht immer so." Er verweist auf Phasen – die letzte von ihnen liegt nur 6 Jahre zurück –, in denen die Weltuntergangspropheten dominierten und „gute Nachrichten und nicht schlechte für Überraschung sorgten." Und als letzte Warnung präsentiert er ein Diagramm, das die Zehn-Jahres-Gesamtrendite von Aktien, Anleihen und kurzfristigen Titeln darstellt (Abbildung 16-2). Hierbei handelt es sich um kumulative und nicht um Jahresrenditen. Das Diagramm beginnt mit dem Zehn-Jahres-Zeitraum, der 1936 endete, und schließt mit dem entsprechenden Zeitraum von 1986 bis 1995. Es zeigt, dass der Aktienmarkt die meiste Zeit über der Gewinner war, aber Anfang der 70er-Jahre und während eines großen Teils des restlichen Jahrzehnts brachten Anleihen und sogar kurzfristige Geldmarkttitel bessere Zehn-Jahres-Ergebnisse. Außerdem machen die Anleihen seit Mitte der 80er gegenüber dem Aktienmarkt wieder Boden gut.

Abbildung 16-2.
Zehn-Jahres-Gesamtrenditen* von Aktien, Anleihen und Geldmarkttiteln, 1926 – 1936 bis 1986 – 1995

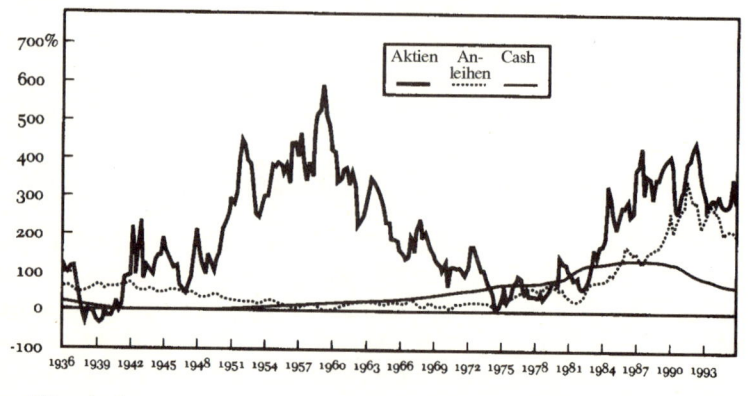

* Nominalwerte (Quelle: Peter L. Bernstein, Inc., 15. Januar 1996)

Diese Statistik erinnert uns nur an die *Möglichkeit*, dass Anleihen Aktien in gewissen längeren Zeiträumen überlegen sind. Darüber, *wann* diese Phasen am wahrscheinlichsten auftreten, lässt sich nur spekulieren. Vermutlich stehen sie in einem Zusammenhang mit Wirtschaftswachstum, Unternehmensgewinnen und Inflation, denn das sind die drei Variablen, die die Kurse beider Anlageformen am stärksten beeinflussen. Wenn das der Fall ist, sind die frühen 70er-Jahre – der Zeitraum, in dem der Aktienmarkt am deutlichsten unterlegen war – ein guter Ausgangspunkt für die Suche nach Hinweisen. Eine rasche Rezession im Jahr 1974, schwache Unternehmensgewinne in den fünf Jahren zuvor und eine steigende Inflationsrate waren die schlagkräftige Kombination, die dem Aktienmarkt so zu schaffen machte. Heute ist *keine* dieser Voraussetzungen gegeben.

„Was haben Sie dann eigentlich für ein Problem, Mr. Bond?" könnten die Aktiengurus fragen. Nun, ich habe gar kein großes Problem; ich erkenne an, dass Aktien in den nächsten drei oder vier Jahren *wahrscheinlich* profitabler sein werden als Anleihen. Doch jetzt mein großes Aber: Erinnern Sie sich noch, dass ich häufig darauf hingewiesen habe, dass das *nominelle* Wachstum des Bruttoinlandsproduktes in den nächsten Jahren voraussichtlich 4 bis 5 Prozent betragen wird? Wenn das eintritt, müssen sich Aktienanleger vor Augen halten, dass das Bruttoinlandsprodukt im Grunde nur eine Umschreibung für den Umsatz des gesamten Landes darstellt. Ein Anstieg des Bruttoinlandsprodukts um 4 bis 5 Prozent bedeutet eine Zunahme des Umsatzes oder der Einnahmen der USA in eben diesem Tempo; es geht um nichts anderes. Denken Sie einen Moment darüber nach. Wenn die Umsatzsteigerung des S&P 500 der des gesamten Landes genau entspricht – und das wird sie höchstwahrscheinlich –, dann ist die Grundlage für Gewinnsteigerungen in einer Wirtschaft, die jährlich um 4 bis 5 Prozent wächst, äußerst wackelig. Aufgrund höherer Effizienz durch Stellenabbau und Investitionen in Technologie sind in den letzten Jahren die Unternehmensgewinne in die Höhe geschnellt. Irgendwann in naher Zukunft wird sich der Personalabbau verlangsamen und es wird schwieriger für Unternehmen werden, Menschen durch Maschinen zu ersetzen. Ich glaube, dieser Moment wird schon sehr bald kommen. Wenn es soweit ist, werden Gewinnsteigerungen sehr viel mehr mit höherem Umsatz zu tun haben und sich wahrscheinlich auf 5 bis 6 Prozent im Jahr beschränken.

Zur Zeit können sich nur wenige Beobachter eine solche Realität vorstellen. Sie brauchen nur zu hören, wie in den täglichen Wirtschaftsnachrichten ein Vorstandsvorsitzender nach dem anderen erklärt, *sein* Unternehmen werde jährliche Umsatz- oder Gewinnsteigerungen von mindestens 20 Prozent erzielen. Unmöglich! Vielleicht wird es einigen wenigen Unternehmen gelingen, aber alle zusammen werden das nominelle Wachstum des Bruttoinlandsprodukts nicht übertreffen können. Wenn Aktienanleger glauben, am Anfang des nächsten Jahrhunderts seien von der Mehrheit der Aktien zweistellige Gewinne zu erwarten, ist das nichts als Wunschdenken. Derlei Vorstellungen haben keine Grundlage in der Realität.

Wenn Gewinnsteigerungen durch die Wachstumsrate des Bruttoinlandsprodukts begrenzt sind, liegen die Grundvoraussetzungen für eine jener Phasen vor, in denen Anleihen mehr einbringen als Aktien – wenn auch nur geringfügig mehr, das heißt 1 oder 2 Prozent pro Jahr. Wenn das so ist, sollten Sie nicht nur *ein paar* Anleihen in Ihrem Portefeuille haben, sondern darüber nachdenken, einen bedeutenden Prozentsatz Ihres Anlagekapitals in Anleihen zu investieren. Zwar ist jeder Mensch anders, aber ein Anleiheanteil von 25 bis 30 Prozent wäre einem Butler-Creek-Umfeld sicherlich angemessen, wobei ein Teil der Anleihen ausländischer Herkunft sein und ein anderer Teil, je nach Ihrer steuerlichen Situation, auf Kommunalanleihen entfallen sollte.

DER SCHLAUE ANLEGER:
Kommunalanleihen

Kommunalanleihen sind für Anleger deshalb attraktiv, weil die Zinseinkünfte aus fast allen von ihnen von Bundessteuern befreit sind. Ist der Emittent zufällig der Bundesstaat oder die Gemeinde, wo Sie leben, dann zahlen Sie auch auf lokaler Ebene keine Steuern. Aufgrund der Steuerfreiheit von Kommunalanleihen akzeptieren Anleger, die einen hohen Einkommensteuertarif zahlen, dass Kommunalanleihen eine niedrigere Verzinsung aufweisen als US-Schatzanweisungen und -anleihen. Es gibt keine allgemeingültige Regel, aber gewöhnlich entspricht der Zinsertrag einer hochqualitativen Kommunalanleihe vier Fünfteln beziehungsweise 80 Prozent des Ertrags eines US-Schatzpapiers mit gleicher Laufzeit. Bei sehr kurzfristigen Kommunalanleihen (mit Laufzeiten von einem bis drei Jahren) beträgt die Verzinsung etwa 70 Prozent des Ertrags eines Schatzpapiers.

Aufgrund dieser niedrigeren Verzinsung müssen Sie nahe am Grenzsteuersatz der Bundessteuern in Höhe von 30 Prozent liegen, wenn die Steuerfreiheit von Kommunalanleihen Ihnen einen signifikanten Vorteil verschaffen soll. Konsultieren Sie wie immer Ihren persönlichen Steuerberater, um herauszufinden, ob sich Kommunalanleihen für Ihr Portefeuille eignen.

Der beste Rat lautet allerdings: Hören Sie auf keinen Guru, der Ihnen für das nächste Jahrtausend nur sein persönliches Fachgebiet empfehlen will – nicht einmal auf mich. Seien Sie stattdessen auf Überraschungen gefasst und *diversifizieren* Sie Ihr Portefeuille so, dass Sie auch Möglichkeiten Rechnung tragen, die schwer vorstellbar sind. Und arbeiten Sie mit einem Zeitrahmen von drei bis fünf Jahren, denn so wird es für Sie leichter, das wahrscheinlichste Szenario zu erkennen. Auf diese Weise erhalten Sie zwar vielleicht keinen näheren Aufschluss darüber, „weeer" oder was Sie sind, aber Sie ebnen den Weg für langfristige Anlagegewinne.

17. Herr Nietzsche, das ist Mr. Darwin

Welche Anlagemöglichkeiten Ihnen offen stehen

Verhält sich der Darwin'sche Mensch auch zivilisiert, so ist er im Grunde ein Affe, nur besser rasiert.

W. S. Gilbert

Ich weiß nicht mehr, wann ich zum ersten Mal Sprüche an einer Toilettenwand las. Wahrscheinlich war ich etwa sieben oder acht Jahre alt, denn ab diesem Alter nehmen Mütter ihre kleinen Jungen nicht mehr mit zur Damentoilette. Zumindest damals gab es, wenn man in einer Kabine der Damentoilette auf dem Thron saß, nichts zu sehen als drei kahle, unbeschriebene Wände. Ich erinnere mich aber, dass ich, als ich groß genug war, um die schöne neue Welt der Herrenklos zu erkunden, bald einen inspirierenden Satz fand, der fast anmutete wie ein Shakespeare-Zitat, wenn ich ihn auch nicht verstand, geschweige denn in der Lage war, ihn richtig auszusprechen: „Gott ist tot – Nietzsche. Nietzsche ist tot – Gott." Ich fragte mich, wer dieser Mensch mit dem unaussprechlichen Namen war und warum er glaubte, Gott sei tot. Hatte ihn Gott deswegen getötet? Ich hatte keine Ahnung, dass ich soeben einen ersten Blick in die tiefen Abgründe des „freien Willens" geworfen hatte.

Der Grund dafür, dass Friedrich Nietzsche und sein „Übermensch", der Ihnen aus Ihren Philosophiestunden noch bekannt sein dürfte, Gott für tot erklärten, lag in der Fähigkeit des Menschen, seinen freien Willen auszuüben. Der Mensch konnte sein Schicksal selbst bestimmen. Die Möglichkeiten und Alternativen waren unbegrenzt; der Mensch war tatsächlich zu seinem eigenen Gott geworden. Nun gut, Nietzsche ist bekanntlich tot und mancher (vielleicht sogar Gott) wird sagen, das sei zu verschmerzen; aber die Debatte über den freien Willen wird weiterhin hitzig geführt. Heute sind es jedoch nicht Philosophenkönige wie Nietzsche, die im Mittelpunkt stehen, sondern die Wissenschaftler, speziell die Genforscher, die derzeit an einer modernen Version des Spruches an der Toilettenwand arbeiten. „Inwieweit bestimmen uns die Gene?" fragte die *New York Times* kürzlich und ich vermute, dass diese Frage die wichtigste des 21. Jahrhunderts, ja vielleicht aller Zeiten, sein wird, nicht nur in metaphysischer Hinsicht, sondern auch in soziologischer und psychologischer. Wenn die Gene alles festlegen, ist der freie Wille tot – vielmehr: Es hat ihn nie gegeben. Wenn die Gene jedoch nicht über alles entscheiden, hat jeder Einzelne – wie auch die Gesellschaft – eine Chance, sein eigenes Los zu bestimmen.

Viele Beispiele in den modernen Medien veranschaulichen diese Debatte. Charles Murrays Buch *The Bell Curve* ist natürlich das am meisten diskutierte.

Es wird am häufigsten als Herabwürdigung der Intelligenz von Schwarzen hingestellt, doch der Kern des Buches ist die These, dass der Intelligenzquotient signifikant durch Vererbung und genetische Veranlagung beeinflusst wird. Selbst wenn das wahr ist, lenkt diese Erkenntnis sowohl den Einzelnen als auch die Gesellschaft in eine unerwünschte Richtung, denn es wird impliziert, dass sie nicht viel ausrichten können und unveränderlichen DNS-Strängen ausgeliefert sind, die über die Zukunft entscheiden.

Und dann ist da noch die gängige (Gerüchten zufolge von Hugh Hefners Zentrum für die sexuelle Gesundheit des Mannes gesponserte) Theorie, die besagt, dass die *Untreue* in unseren Genen verankert ist. Männer wechseln die Frauen nicht etwa, weil sie verkommen wären, sondern weil ihre Gene sie dazu zwingen, unablässig Babys zu produzieren. Dass sie sich von älteren Frauen scheiden lassen und jüngere heiraten, hat den gleichen Grund. Und natürlich kommen auch die Frauen nicht ungeschoren davon. Sie suchen sich ihre Ehemänner ebenfalls hauptsächlich nach genetischen Kriterien aus. Wenn Sie geglaubt haben, Ihre Frau hätte sich wegen Ihres Sinns für Humor in Sie verliebt, dann denken Sie noch einmal nach. Dieser ganze Genetikkram kann schneller unangenehm und deprimierend werden, als man „Charles Darwin" sagen kann.

Zu guter Letzt steht auf meiner verkürzten Liste der Neuigkeiten in der Genforschung ein Buch von Robert Wright mit dem Namen *The Moral Animal*. Wright behauptet, dass scheinbar uneigennützige Emotionen wie Liebe, Mitleid, Ehrgefühl und Dankbarkeit genetisch in uns verankert sind. Der Spruch „Du bist, was du isst" stimmt also in Wirklichkeit nicht. Wir sind so, wie wir *geboren* werden, ja, was wir essen, ist vom Moment unserer Zeugung an weitgehend vorbestimmt. Na dann, guten Appetit.

Ich weiß nicht, was ich von alledem halten soll, aber ich grüble viel darüber nach. Manchmal kommt es mir vor, als wären diese Theologen der Genetik wie Kopernikus, der damals seine neuen Erkenntnisse einer Welt anbot, die weiterhin glauben wollte, dass die Erde der Mittelpunkt des Universums sei. Und dann komme ich wieder auf meinen alten Freund Nietzsche zurück, dessen Bekanntschaft ich auf der Toilette machte, und forsche nach dem Geist des Menschen und dem freien Willen. Letzten Endes hat unser aller Dasein auf Erden keinen Sinn, wenn die Gene wirklich alles diktieren. Dann soll Gott doch sein selbstverfasstes Schauspiel auf einer anderen Bühne und von irgendwelchen anderen genetischen Automaten aufführen lassen. Ich trete dann irgendwann von der Bühne ab. Mancher wird sagen, das sei ohnehin das Einzige, was wir an freiem Willen besitzen.

Wieder im Heimathafen

Wir sind am Ende unserer Reise entlang dem Butler Creek angelangt und was hätte es für einen besseren Abschluss geben können als eine Diskussion über den Sinn des Lebens? Hoffentlich habe ich Sie unterhalten und informiert zugleich. Was das Investment anbelangt, hoffe ich, Sie haben gelernt, dass man in Zukunft als Anleger eine Grundeinstellung wird mitbringen müssen, die sich von Ihrer bisherigen und der jedes anderen Mitglieds der letzten oder vorletzten Generation unterscheidet. Da nur begrenzte Gesamtrenditen möglich sein werden und das Anlageumfeld weniger volatil sein wird, muss sich der Anleger der Zukunft den Märkten auf andere Weise nähern. Sie sollten sich bemühen, die Summe, die Sie jährlich an Beratungsgebühren bezahlen, zu verringern, die emotionalen Aspekte Ihrer Anlegerpsyche zu beherrschen und sich auf eine langfristige Perspektive zu konzentrieren.

Im Einzelnen heißt das:

1 Verlängern Sie die Laufzeit Ihrer Schuldtitel, speziell die der kurzfristigen Geldmarkttitel.
2 Kaufen Sie Inflationsindex-Anleihen, um sich gegen die Inflation abzusichern.
3 Sorgen Sie dafür, dass Hypothekentitel stets einen angemessenen Anteil an Ihrem Anleiheportefeuille ausmachen.
4 Sehen Sie sich nach Alternativen an Auslandsmärkten um, speziell in Schwellenländern.
5 Betrachten Sie Anleihen als eine reizvolle Alternative zu Aktien.

Das sind die Strategien, mit denen ich bei der Pacific Investment Management Company 90 Milliarden Dollar im Namen unserer Kunden investiere. Es sind die Strategien, die ich anwenden werde, damit wir in den nächsten drei Jahren die Nase vorn haben. Und wenn wir damit Erfolg haben, werden Sie es auch. Die Strategien werden Sie nicht schnell reich machen; diese Zeiten sind so gut wie vorbei. Aber sie werden Ihnen zu einer 1 oder 2 Prozent höheren Rendite verhelfen, mit der Ihre Fahrt auf dem Butler Creek relativ komfortabel sein wird – weil Sie vielleicht statt eines Einbaums eine Motorjacht steuern werden.

Außerdem dürfte Ihnen das Hintergrundwissen in Ökonomie, das Ihnen Teil I dieses Buches vermittelt hat, dabei helfen, Ihren persönlichen Weg zu finanziellem Erfolg zu planen. Wenn Sie risikofreudiger sind als ich, denken Sie genau darüber nach, was das neue globalisierte Umfeld für Ihr derzeitiges Portefeuille bedeutet. Wenn Sie vorsichtiger sind, versuchen Sie die Grundideen umzusetzen, die ich mich bemüht habe zu erläutern. Wenn Sie gar kein Anleger sind, dann haben Sie vielleicht das eine oder andere dazugelernt und an ein paar Abenden eine angenehme Lektüre genossen.

Ich wünsche Ihnen allen viel Glück. Dieses Buch ist jedoch hier zu Ende. Alle Mann an Land!

DIE GANZE WELT DER BÖRSE

BÜCHER · MAGAZINE

AKTIONEN · ANGEBOTE

NEWS · ACCESSOIRES

www.boersenwelt.de

DIE GROSSE BÖRSEN-BIBLIOTHEK IM INTERNET